馬が一頭、丘の上に立っています。

馬の背には、翼が生えています。


丘のふもとで、一匹のロバが、馬を見上げています。


馬はロバのまなざしに気づいているようですが、はっきりとは応えません。

ゆったりと立ち、わずかに身動きするだけです。

その様子からは、ロバを待っているのか、それとも近づいてきたら逃げようとしているのか、あるいは、これから降りてこようとしているのか、判然としません。

ロバの足元から、一本の細い道がゆるやかにくねりながら、丘の上へと伸びています。

道は月明かりに照らされて、白く輝いています。

SANNEN NO HOSHIURANAI
CANCER
2024-2026

ISHIIYUKARI

3年の星占い
蟹座
2024-2026

石井ゆかり

すみれ書房

はじめに

こんにちは、石井ゆかりです。

本書は2024年から2026年の3年間、蟹座の人々が歩んでゆくかもしれない風景を、星占いを用いて描いた1冊です。

3年という時間は短いようで長く、奥行きも深く、ひとまとめにして描き出すのは容易ではありません。本書はシリーズ4作目となるのですが、どう書けば読者の心に生き生きとした「3年」が浮かび上がるだろう、と毎回悩みます。短い小説を書いてみたり、おとぎ話ふうに仕立てたりと、これまでさまざまに試行錯誤してきました。

そこで今回たどり着いたのが「シンボル（象徴）」です。

世の中には「シンボル」がたくさんあります。「フクロウは『不苦労』で縁起がよい」「鳩は平和のシンボル」など、置物やお菓子のモチーフになったりします。

ニューヨークの「自由の女神像」のような大きなものから、襟元につける小さな「てんとう虫のブローチ（幸運を呼ぶ）」まで、人間は森羅万象、ありとあらゆるものに「意味」を見いだし、それを自由自在にあやつって、ゆたかな精神世界を編み上げてきました。

象徴など信じない、という科学的思考のはびこる現代社会にも、たとえば「国旗」「県の花」などがバッチリ制定されていますし、会社を設立すればたいていは、すぐにロゴとマークを制作し、名刺などに刷り込みます。これらも立派な象徴、シンボルです。現代を生きる私たちも、まだまだシンボルを手放したわけではないのです。

実は「双子座」「蟹座」などという星座、さらに「木星」「土星」などの惑星も、私たちがそこに意味を見いだした象徴、シンボルそのものです。

「シンボル」には、いい意味も悪い意味もあります。たとえば「サル」は賢さを象徴する一方で、ズルさを表すこともあります。たいていのシンボルは両義的、つまり吉凶、善悪の両方が詰め込まれています。

「シンボル」に与えられた「意味」を調べるのは、辞書で単語の意味を引くのに似ていますが、その広がりは大きく異なります。シンボルはそれぞれがひとつの宇宙のようで、そのなかに実に豊饒な世界を内包しているからです。

さらに、シンボルは想像力、イマジネーションでできあがっているので、外界に対してかたく閉じているわけでもなければ、その世界のサイズが決まっているわけでもありません。どこまでも広がっていく世界、ときには外界から新風さえ吹きこむ世界が、シンボルの抱いているミクロコスモスなのです。

たとえば「双子座の人」「乙女座の人」と言ったとき、その人々のイメージをひと言で限定的に言い表すことは、とてもできません。同じ双子座の人でも、その個性はさまざまに異なります。でも、そこに何かしら、一本似通ったベースラインのようなものが感じられたとしたら、それこそが「双子座」というシンボルの「軸」の感触なのです。シンボルとはそんなふうに、広がりがあり、開かれてもいる「世界観」です。

多くの人が、好きな数字や花、なぜか自分と近しく感じられる場所などを、心のなかに大切にあたためて「特別あつかい」しています。あらゆる物事のなかから特別な何かを選び出し、自分とのふしぎな結びつきを読み取る心が「象徴」の原点にあるのだろうと私は考えています。どれだけ科学技術が発達し、多くの人が自然科学にしか「エビデンス」を求めなくなっても、人の心が象徴を追いかける仕組みは、なかなか変わらないだろうと思います。

この3年間を生きるなかで、本書の軸となった「シンボル」が読者の方の心に、やさしい希望のイメージとしてよみがえることがあれば、とてもうれしいです。

3年の星占い—蟹座—2024年-2026年◎目次

ブックデザイン
石松あや
（しまりすデザインセンター）

イラスト
中野真実

DTP
つむらともこ

校正
円水社

1

3年間の風景

3年間の風景

冒頭の風景は蟹座の2024年からの3年間を見渡して、私が選んだ「シンボル」です。「なぞなぞ」のようなもの、と言ってもいいかもしれません。

以下にキーワードをいくつか挙げながら、「なぞなぞのたねあかし」をしてみたいと思います。

・「遠いもの」へのあこがれ

――翼の生えた馬

2024年から2026年、あなたは「遠いもの」を見つめ続けます。

この「遠いもの」は、物理的に遠い場所なのかもしれません。

ゆえにあなたは、長い旅に出るのかもしれません。

留学したり、移住を果たしたりする人もいるでしょう。

あるいは「遠いもの」は、ある種の知的な世界やレベルのことなのかもしれません。であれば、あなたは高い理想に向かって、学び続けることになるでしょう。

たとえば、アスリートが世界チャンピオンを目指したり、ビジネスマンが事業の拡大を目指したりするのも、「遠いものを見つめる」ことのひとつと言えます。

また、ある種の「ロールモデル」やあこがれの人を見上げ、「あの人のようになりたい！」という思いを抱いて、実際にそうなれるように行動するのかもしれません。どんなに努力しても決して追いつけない、と思えるような実力者を見つめ、「それでも、少しでも近づきたい！」と努力を重ねるのかもしれません。

さらには、尊敬する上司や先生、師匠などに「ついてゆく」人もいるはずです。

厳しい指導を受け、大きな課題を課されながら、死に物狂いで食らいついていく、といった成長のプロセスもまた、「遠いものを見つめる」ことにつながります。

実はあなたは、2012年ごろからあのペガサスのことを考え続けていたのではないかと思います。

あこがれ、夢、「こうなりたい」「こんなことを知っている人になりたい」という思いが胸のなかに渦巻き、なんとなくそのことを学んだり、近づけるように努力したりしていたのかもしれません。

でも、その思いはあくまで漠然としていて、現実的にそのペガサスに近づく方法など、まったくわからなかったのかもしれません。

2024年、ペガサスは「少し登っていけばたどり着けそうな、丘の上」にいます。

それを目指すことの現実味が出てきたのです。

ゆえに、あなたはその丘を登り始めることになります。

できそうもないことなら、夢見ているだけですみます。

ですが、「少し手を伸ばせば届く」と見えたなら、もはや夢見ているだけの時間は、終わったのです。

・新しい運命と出会う

――ペガサスとロバの邂逅

2024年から2026年、蟹座の人々は大スケールの「人生の転機」を迎えます。特に2025年をクライマックスとして、「これまで」と「これから」の風景が大きく変わるのです。

生きる場所が変わり、生き方が変わり、自分自身が変化します。

星占いはいつも「変化」をとらえます。

ゆえに、常に「変わる、変わる」と書いてゆくわけですが、２０２４年から２０２６年の変化は、ほかの時期の追随をゆるさないほどの、最大限の振り幅で起こります。

たとえばテレビ番組で、登場したゲストを紹介するとき、まずは名前と職業が語られます。そこに居住地域などがついてくる場合もありますが、ほとんどは「名前と職業」です。このふたつは、その人個人のアイデンティティと、社会的立場を指しています。

２０２４年から２０２６年は、アイデンティティと社会的立場が変わる時間帯なのです。つまり「その人」を語る上で大きな柱となるような条件が、変化するのです。

さらにもうひとつ、この3年は「自分を知る」時期でもあります。

自分ひとりだけで生きているとき、あるいは、長くなじんだ人間関係のなかだけに身を置いているとき、私たちは「自分自身が何者か」ということについて、ほとんど意識できません。

海外旅行に行ってはじめて「自分は日本人だなあ！」と実感したり、関西に来てはじめて「自分には関東の文化が染みついているのだな」とわかったりします。

文化圏が同じでも、「他者」に出会うだけで、私たちは「自分」を新たな目でとらえ直します。「あの人は寡黙な人だったなあ、自分はおしゃべりなのだ」「世の中にはこんなにきれいな人がいるのか、自分はとても敵わない」「ケンカして勝った、自分はけっこう強いんだな」等々、他者との出会いは「自分」のアウトラインを浮き彫りにします。

こうした発見には、的外れのものもあれば、不要なものもあります。たくさんの出会いを重ねるうちに、他者と自分を見つめる目は深まり、自由に解放されていきます。

２０２４年から２０２６年、あなたは外界に出向き、見知らぬ人々に出会い、そこで新しい自分を発見することになるでしょう。

また、「挑戦」も自分を知る上で重要な手掛かりとなります。

挑戦し、そこで起こったことを通して、私たちは現状を認識し、新たな目標と課題を見いだします。

この3年のなかで、あなたはそうした発見を通して、自分を知り、自分を変えようとするはずなのです。

冒頭の風景のなかでは、ロバとペガサスが出会いました。

この3年のなかで、蟹座の人々はロバがペガサスに出会うように、「運命」に巡り合います。そこにはまず、深い驚きと感動が生じます。

たがいの距離はずいぶん離れています。ロバとペガサスはたがいの違いに気づき、己を発見したはずです。

異質なものとの出会いを通して、「自分とは何か」が少しずつ、わかり始めるのです。

・学びの道

――丘の上への道

冒頭の風景では、「翼ある馬・ペガサスが丘の上からこちらへと降りてくる」可能性も含ませました。

実際、たとえば「厳しい師匠に導いてもらう」ようなプロセスを選ぶ人は、ペガサスが一度降りてきてくれるようなシーンを体験するかもしれません。

ですが基本的には、この3年のなかで、あなた自身が丘の頂上への道を進んでいくことになるのだろうと思います。

さらに言えば、ペガサスが頂上でそのまま待っていてくれるかどうかも、わかりません。天馬はすぐに飛び去って、あなたはただ、丘の頂上という場所を目指すことになるのかもしれません。

おそらくそれでも、あなたは「あのペガサスがどんな風景を見ていたのか、知りたい」「同じ気持ちを味わいたい」といった衝動から、だれもいないかもしれない丘の上を目指すことをやめないでしょう。

非常に高い叡智《えいち》は、神韻《しんいん》を帯びます。

自分よりもはるかに賢く、多くを知り多くを成し遂げた人々、優れた人々は、「とても手が届かない、畏《おそ》れ多い」存在です。

たとえばノーベル賞学者を見つめる一般市民のまなざしがどこか恍惚としているのは、「自分には知り得ないことを知っている存在」への、聖なる畏れがあるからだろうと思うのです。

尊敬やあこがれを超えて、そこには信仰心にも似たものが含まれています。この「信仰」のような思いゆえに、あなたは努力を続けることができるのかもしれません。

あこがれや崇敬の念には、清らかな、聖なるものが含まれています。

少なくともこの「3年」の入り口において、あなたは丘の上の神秘的なペガサスのような人や世界を見上げながら、自分をロバのように小さな存在だと感じているはずです。

大きなもの、高いもの、遠いものを追いかけようとする人ほど、自分を小さく感じるものです。

これは単純に、相対的な感覚です。

実際にあなたが力ない、小さな存在だということではありません。

あくまであなたが目指すものが大きく高いため、自分が小さく低く思える、ということです。

ある意味「神様のようなもの」を追いかけ始めようというのですから、これは当たり前のことなのです。

丘の上にたどり着いたとして、何が起こるでしょうか。

それは、登ってみなければわかりません。

ただ少なくとも、丘の上を目指して登り続けた、という経験は、かならず自分自身のものになります。

あの神秘的な存在を目指して学び、旅をし、自分を省みながら努力したプロセスの全体が、「自分自身」に組み込まれます。

この「遠いものを見つめる」経験を通して、あなたは大きく変わるでしょう。特にその変化の振り幅が大きいのが、２０２５年から２０２６年前半です。遠いあこがれ、高い理想を目指す過程で、あなたの内なる可能性が開かれ、引き出されます。

自分が自分以外のものになるのではなく、自分のなかに眠っていたより大きな自分を呼び覚まし、「変身」することができるときなのです。

・自信のありか

――ロバが丘のふもとから見上げている

「高いものを目指す者ほど、自分を低く小さく感じる」

これは、主観です。

では、第三者からは、その人はどのように見えるでしょうか。

本気で学んだり努力したりするとき、人は「自分の現状」を直視せずにいられま

せん。「現在地」がわからなければ、登ることができないからです。

学び始めると、進めば進むほど、師匠と自分の差、あこがれの人と自分の違いがはっきりわかってきます。ゆえに、自信がどんどんなくなります。

ですがこの人は、第三者から見れば、「謙虚な努力家」です。

高いものを目指す人は率直で、素直で、心がやさしく開かれています。

あるいは、必死さを隠そうともせず、ハングリーに汗をかき続けているかもしれません。

目をギラギラさせて、貪欲に機会を求め、自分と闘っているのかもしれません。

つまり、立派な人なのです。

優れたものにあこがれ、あこがれの存在と自分の違いを直視し、その上でなお、高いものを目指そうとする人は、周囲の人々の目に、かぎりなく魅力的に映ります。

真摯にがんばっている人は、素敵です。

ロバは古くから、謙遜と柔和の象徴です。

聖書によれば、イエス・キリストはロバに乗ってエルサレムに入城しました。馬に乗って入るなら、それは権力者か、軍人です。ロバに乗っているのは、イエスが平和を愛する人で、民衆の味方であることを示しています。

一般に「高みを目指す」人々は、ときに自分が目指しているものと自分を同一視して、おごりたかぶったり、いわゆる「上から目線」になったりします。

ですがこの3年のあなたは、どんなにその学びが進もうとも、ふしぎにたかぶることがありません。

いつもロバのように、おだやかなリアリストでいられます。

それは、あなたが目指すものが本当に気高いものであり、あなたの努力が純粋で本物であり、たしかに価値あることが身についてゆくからです。

・「降りてくる」インスピレーション
――ペガサスと山の泉

自分自身の手で成し遂げたことなのに、なぜか「自分の力でやったことではない」と感じられることがあります。
ある人は「うまくいったことほど、そういう感じがする」と語りました。
名曲を作った音楽家が「インスピレーションが降りてきた」と語り、偉業を成し遂げたアスリートが「自分以外のものの力で走らされた」と語るその感覚は、たいてい、本当に努力した人たちのものです。

もちろん、周囲の人々の応援やサポート、得がたい機会やふしぎな運など、さまざまな条件が絡まり合って大きな功《いさおし》が成し遂げられるのですが、肝心の本人に、何か強い思いや行動が一切なかったなら、そもそも何も起こりはしません。

この時期のあなたの学びや旅への挑戦は、それ自体がたくさんの縁や恵みを磁石のように吸い寄せます。あなたの試みによって、世界とあなたが直接結びつくような瞬間が何度か、巡ってくるはずなのです。

ペガサスの神話に、「天に舞い上がろうとするヘリコン山を足で蹴って押さえたところ、その蹄《ひづめ》のあとから泉がわき上がり、この泉の水に触れた人には詩文の霊感が授けられた」というものがあります。この3年のなかで蟹座の人々も、なんらかの「霊感」を受けるような場面があるかもしれません。

・他者へと向かう欲

――貪欲なロバ

2024年以降、あなたは他者に対してさまざまな「欲」を感じることになるようです。

性欲はその最たるものですが、それ以外にも、やさしくされたいとか、特別あつかいされたいとか、ほめられたい、受け入れられたい、ごほうびやギフトが欲しい等々、さまざまな「他者への欲」が私たちの心のなかには、静かに渦巻いています。

たとえば相続の係争などでは、しばしば「親にかわいがられたかどうか」ということが、兄弟姉妹のあいだで強く議論されるそうです。争っている当事者の年齢はすでに中高年にさしかかっているのに、それでもなお「親によりかわいがられたのはどちらか」といったことが、大問題になってしまうのです。

自分以外のだれかから受け取る無償の愛、強い思いは、人生を左右し、ときに、人生自体を意味づけてしまうこともあります。

2024年から2043年ごろにかけて、あなたは何か絶対的なものを、他者から受け取ることになるのだと思います。それが「絶対的」になり得るのは、おたがいの関係が非常に特殊なものだからです。

親子の関係などはその最たるものです。親から愛されずに親を恨んでいる人は、どんなにそのほかの人から愛されても、なかなか恨みから抜け出すことができなかったりします。

あるいは、親から受け取れなかったものを恋人やパートナー、自分の子どもなど、ほかの存在から受け取ろうとする人もいます。この場合も、その関係は絶対的なものになります。

取り替えのきかない関係における、取り替えのきかない授受。これは非常に危険なものであると同時に、圧倒的な価値を持つものでもあるのです。

もしかすると、２００８年ごろからだれかとのあいだに紡いできた関係の延長線上に、この「特別な欲」が発動するのかもしれません。

あるいは、２０２４年以降の出会いや関係性が、そうした「特別な欲」に結びつくのかもしれません。

「欲」は一般に、理性によってコントロールできるものだと考えられていますが、現実にはそんな甘いものではありません。

人の心を圧倒的に支配し、ほかのものに目を向けなくさせ、場合によっては自他の命を危険にさらすほどの衝動が、私たちのなかには備わっています。

他者の心とどこまで深く結びつけるものなのか。

どこまで自分を相手に「与える」ことができるものなのか。

どうすれば相手が自分に、価値あるものを与えてくれたとわかるのか。

こうしたむずかしい問題に、2024年以降のあなたはしばしば出会い、そして、それを自分のものとしていくだろうと思います。

大切なことは、ただ欲を抑え込んだり、否定したりすることではないのだろうと思います。

自分が欲を持っているということ、そしてその欲をなんらかのかたちで生きるしかないのだということを、まずは受け入れる必要があります。

あるものを盗んだ人が、その罪を追求されたとき、「別にそれが欲しかったわけではなかった」と語ることがあります。

では、何が欲しかったのか。

少なくとも、この人は盗みが発覚するまで、自分が何を欲しているのか知らなかったのです。

もし、この人が「自分が本当に欲しいもの」を知っていたとしたら、おそらく、盗みを働くことはなかったのかもしれません。なぜなら、それは「本当には欲しくはなかった」からです。

ロバは謙遜と柔和の象徴とされる、と書きましたが、その一方で、ロバは貪欲の象徴ともされてきました。

「遠いものを見つめる」ことも、学ぶことも、旅に出ることも、欲があるからこそ起こります。

遠い遠いあこがれを追いかけるのは、かぎりなく貪欲な営為です。

ストイックに学ぶ人、訓練を重ねる人、未知の世界へと危険を冒して分け入る人は、欲の塊と言えます。

欲は、人生の燃料です。

・「自分自身」になる

――月に照らされる道

実は冒頭の風景は、最終的にはすべて「あなた自身」です。
ロバもあなたであり、ペガサスもあなたです。
このすべてを、蟹座の象徴である「月」の光が包み込んでいます。
占いの世界では「どんなイベントが起こるか」ということに注目が集まります。

わかりやすい出来事、出会いや移動など、具体的に第三者にも説明できる人生の変転が言わば「占いの中心テーマ」です。

でも、そうした「イベント」は短期間に終了しますし、新しい環境や人間関係にも、人間はたいてい、すぐに慣れてしまいます。最初は新鮮でワクワクしたことでも、1、2年経てばなじんで、飽きてきてしまうこともあるものです。

環境や人間関係が変わっても、もし自分自身に何の変化も起こらないなら、そこから先に起こることは「以前とだいたい同じ」「似たパターン」にならざるを得ません。

その点、内面的な変化は軽視されがちではありますが、人生を本質的に変化させる力を持っています。

「変わりたい」と思うとき、私たちは根本的な、不可逆な変化を夢見ます。

今の自分以外の、もっと別の自分に変身したいと願います。ネガティブな感情やコンプレックスを消し去り、大きな、幸福な心を手に入れたいと考えます。

でも、おそらく人間の変化というものは、そんなふうには実現しないのです。むしろ、複数の自分が心に存在し続けながら、関わりを重ねていくなかに、変化の可能性があるのです。

人間的変化とはおそらく、常に自分のなかに卑近な小さな自分と、理想的な大きな自分とを住まわせて、その両者を交流させたり、行き来させたりするうちに起こる出来事です。

ロバがペガサスに変わるのではなく、ロバとペガサスの両方を胸のなかに住まわせたまま、両者を語り合わせたり、ときにいっしょに走らせたり、あるときはロバになりきり、別のときにはペガサスになりきる、といったようなことを、自由にできるようになるのが「成長」なのではないでしょうか。

心が幼い状態にあるとき、私たちはかたくなに「小さなもの＝ロバ」のままでとどまろうとしたり、あるいは逆に、自分を「大きなもの＝ペガサス」なのだと思い込んだりします。どちらも正しくはありません。

自分が小さなものであり、同時に大きなものでもある。そうした客観的なまなざしを持つことは、非常にむずかしいのです。

自分をありのままに認識するということは、だれにとっても至難の業です。過小評価と過大評価のどちらかに偏るか、あるいは両者のあいだを大げさに行き来しながら生きている人がほとんどです。

でも、2024年からのあなたは、そうした過小評価と過大評価のワナから少しずつ、抜け出そうとするようです。

自分のなかに、小さなものと大きなものとがあって、両者がダイナミックに関わり合いながら人生を創っている、というリアリティをつかむことができるのです。

もしそれが叶えば、人の心は翼が生えたように自由になります。

その手掛かりとなるのが、遠方への旅や、高みを目指す学びや、尊敬する人々との交流なのだろうと思います。

・仲間と出会う

——ペガサスとロバの出会い

2018年ごろから、友だちづきあいをしなくなった、という人もいるかもしれません。

あるいは、友だちはいるけれど、関係がどこか薄くなった、と感じている人もいるだろうと思います。

2020年ごろからの「コロナ禍」で、星座を問わず物理的に人間関係の密度が下がったと感じている人は多いわけですが、特に蟹座の人々は、友だちや仲間との関係がどこか突き放したような、体温の感じられないものに変わった、と感じているのではないでしょうか。

そうした状況が2024年から2026年にかけて、徐々に変化します。まず2023年なかばから2024年なかばは単純に「友だちが増える」時間帯です。仲間との関わりも、だんだんと熱を帯び、親密さを増すでしょう。

2025年から2026年は、前述の「突き放したような感じ」「薄さ」の原因が消えていきます。物理的に会いやすくなるのかもしれません。なんらかの誤解が解けるのかもしれません。たがいの人間的成長を通して、新たな結びつきを構築できる状態になるのかもしれません。「再会」も起こるかもしれません。「再構築」が実現するかもしれません。一度完全に分解した関わりほど、新たに組み直しやすいかもしれません。

人間は、自由で、独立していて、自立していて、平等で公平であるべきです。論理的には、それが正しいのです。

多くの人がそのようであろうと努力しています。

ですが一方で、人は弱く、だらしなく、醜く、頼り合い、甘え合い、ゆるし合いながら生きているのが現実です。

この「現実」の側が、2018年ごろから、あなたの世界ではなぜか封印されてきたのかもしれません。

そんな封印が解かれるのが、2024年から2026年です。

一時的に封印してみたからこそ、人間の弱さの本当の意義が浮かび上がります。

きつく縛り上げていたベルトをゆるめたとき、深呼吸して、心がふわりと大きく広がります。そこに「他者」が入り込む場が生まれます。

「多様性」が人口に膾炙《かいしゃ》した昨今ですが、この時期のあなたの交友関係も、非常に多様なものとなりそうです。

ペガサスとロバのように、たがいに違い合った者同士が出会い、そこに親交が結ばれ、驚きと発見、喜びが満ちてきます。

「世の中にはこんな人がいるのか！」「こんな生き方もアリなのか！」といった驚きが、あなた自身の人生の変化に直結します。

・過去との決別
――ペガサスの母

2024年後半から2025年前半は、「過去」がメインテーマとなります。

たとえば、過去の自分の選択を後悔している人がいます。

「ああしなければよかった」「これを選ぶべきだった」と、繰り返し過去を嘆いています。

この人の後悔と嘆きを消すには、たぶんふたつの方法があります。

ひとつは、後悔の種となっているアクションを、実際に今、起こしてみることです。若いときに取り組んだのとはもちろん、大きな違いがあるかもしれませんが、それでも、実際に思いきってやってみるのです。

物理的に、できないこともあるかもしれません。たとえば「出産しておけばよかった！」と嘆く60代の人には、「今それをやってみましょう！」とは言えません。でも、たとえば子どもに関わるボランティアをしてみるとか、なんらかの「近い試み」は存在するかもしれません。

もうひとつは、過去の選択とはまったく関係なく、今現在を満足できる、成功した状態に変えることです。

今が変われば、過去に起こったことの意味もすべて変わります。「あのときはつらかったが、あれもひとつのステップだった」と、肯定的にとらえ直すことができます。

2024年からの3年のなかで、どちらかの試みをする人が少なくなさそうです。過去に起こったことの意義が、現在の行動によって、書き換えられるのです。

だれかを傷つけたとか、だれかの運命を変えさせてしまったとか、そんな「後悔の種」を抱えている人もいます。

こうした「種」は、結果を引き受けたのが「自分自身」ではないぶん、意義の上書きができにくいところがあります。

深い罪悪感を抱え、自分で自分をゆるすことができないままに、内面で自分を痛めつけ、罰しながら生きている人もいます。

2024年なかば以降、このような状況にも、なんらかの変化が起こるかもしれません。

その変化がどんなかたちで起こるかは、まったく未知数です。

おそらく外部からのふしぎな力が、あなたの内面に深く作用し始めて、そこから新しい変化が起こってゆくのだろうと思います。

コンプレックスや認知のゆがみ、自意識の過剰さ、自縄自縛《じじょうじばく》や疑心暗鬼、嫉妬や恨みなど、さまざまなネガティブな感情に縛られ、人生を変えることができないままに、ずっと日々を送っている、という人も、世の中には存在します。

かつて理不尽に深い傷を受け、自分を守ろうとした結果、自分の世界に閉じこもって外界を拒否し、世の中で賞賛されるようなものに片っ端から非難のまなざしを投げかけている、といった生き方を選んでしまう人もいます。

このようなつらく悲しい状況も、もしかすると２０２４年なかば以降、変化し始める可能性があります。

過去の出来事が解体され、相対化され、閉じこもった感情の世界に亀裂が生じ、外から自分を招く声に、無意識に反応し始めるのです。


ペガサスは神話上の生き物です。

このペガサス、実はメデューサとポセイドンの子どもなのです。

もとは美女だったメデューサは、うっかりアテナ神殿でポセイドンと交わったため、アテナの不興を買って化け物に変えられました。つややかだった髪はヘビにかわり、その眼光を見た者は石になってしまうのです。

勇者ペルセウスがアテナの助けを得てメデューサの首を打ち落としたとき、あふれ出た血のなかから飛び出したのが、ペガサスでした。

ペガサスにとって、父と母の「過去の物語」は悲しくも怖ろしいものです。

ですがペガサスはその後、天に昇って大神ゼウスに会い、神の雷の運び役となりました。

怖ろしい化け物から生まれたにもかかわらず、ペガサスは徳と知の象徴とされます。

つらい過去から、聖なる天馬が飛び出す様は、私たちと「過去」の不思議な関係の秘密を語っているようにも思えます。

過去に起こったことは変えられませんが、今現在を生きる「自分」は、その過去との関わりのなかから飛び出した、一頭のペガサスたり得るのではないでしょうか。

少なくともこの２０２４年後半から、長ければ２０３３年ごろまでの時間のなかで、あなたと過去との結びつきも、そんな変化を遂げる可能性があります。

2

1年ごとのメモ

2024年

この3年のそれぞれの年のイメージをひと言で表すと、
2024年は「解放、修復」
2025年は「クライマックス、自己変革」
2026年は「現実を守る」
となります。
また、2024年は過去に目を向け、2025年は新たなスタートを切り、2026年は現実的軌道に乗る、というステップとしてとらえることもできます。

3年のなかの「山場」、すなわち、もっとも華やかな、大きなイベントが多く起こりそうな時間は2025年です。

2024年はその準備期間とも言えます。過去から積み上がったものにスポットライトが当たります。

・固結びをほどき、蝶結びをつくる

2024年前半は、友だちとの関係、仲間との関係が盛り上がりそうです。新しい友だちができるかもしれません。

しばらく疎遠だった友だちとのあいだで、親密な交流が「復活」するかもしれません。

仲間や友だちとの距離感が変わるのを感じる人もいるでしょう。

2018年ごろからふしぎと、「迷惑をかけてはいけない」「しつこくしたり、土足で踏み込んだりしないように」という意識が強まっていたはずです。

それが2024年に入るころにはなぜか、ふと相手の家に泊まりに行ったり、頻繁に連絡をしたりと、「踏み込む」アクションを起こしやすくなるのです。

とはいえこれは、束縛したり依存したりということとは、違っているはずです。

2018年ごろから、交友関係における自由、自立といったテーマを静かに考え続けてきたあなたとして、「こういうかたちなら大丈夫」「コミュニケーションをじゅうぶんにとり、押しつけなければ、もう少し近づける」などといった知恵が生まれているはずなのです。

過去にはできなかった、より自由な「接近」が、今はできるようになっています。

こうした「距離が縮まっていく」流れは、2025年以降、さらに強まるでしょう。

一方、ひとりの個人として、より広い世界に飛び出していくような動きも生じます。

たとえば、これまでは会社や学校など、閉じた組織のなかにいる人々とだけ関わるような生活だったのが、2024年はより広い場所に出て、多様な人々のいる場に身を置くことになるのです。

ちょっとした地域のイベントを手伝ったり、ボランティアに参加したり、といったことがきっかけで、「世の中には、こんなにいろんな人がいるんだ!」という心地良い衝撃を体験できます。

さらにそうした多様な人々のなかで、これまで関わったことがないようなタイプの相手と出会い、意気投合し、親友になってゆく、といった展開も起こるかもしれません。たとえば自分よりずっと年若い相手、あるいははるかに年上の人と「友だち」になるようなことが、この時期は起こりやすいのです。

特に、2008年ごろからある特定の濃密な人間関係にどっぷり身をひたしていた人は、その関わりの外側に出る自由を得られます。

もちろん、その人間関係が消えてしまうということではなく、ある意味で「閉じ込められた」状態から、「出入り自由」な状態へと移行するのだろうと思います。外に出る自由を満喫する一方で、より安定的な関係を「帰る場所とする」ことが可能になります。

帰る場所があるからこそ、より自由に出かけられるのです。

2008年からの濃密な関係性は、それがあなたの人生にたしかに「根を下ろす」ためのプロセスだったのかもしれません。

一度徹底的に関わっておいて、しっかりと根が張れば、どんなに幹や枝が自由に動いても、大丈夫です。

過去15年ほどのなかで、あなたは真の自由のための「心の根」を手に入れたのではないかと思います。

その「心の根」の重心の上で、本当に自由な関わりをたくさん結んでいけるのが、2024年以降の時間です。

・地道な学び、長旅、精神的成長

冒頭から述べたように、学びと旅はこの時期の一大テーマです。
特に2024年はそこに注力する人が多いかもしれません。
2018年ごろからあこがれてきた場所にやっと、行けるようになるかもしれません。
一度だけでなく、何度も繰り返しその場所に「通う」ようになるのかもしれません。
漠然と興味を持ってきた分野に、とうとう正式に「弟子入り」する人もいるでしょょう。

自己流でふんわりやってきたことを、専門的にしっかり、基礎から積み上げるプロセスに入れます。あるいは２０２３年から、すでにそうしたプロセスのなかにいる人も多そうです。であれば２０２４年、「修業」は佳境に入ります。

たとえば、学校のスポーツ活動では、もちろんプロの選手を目指す人もいますが、大半は「将来の職業にしよう」と思ってやっているわけではありません。教える側も、すべての教え子をプロのスポーツ選手にしようと思って指導しているわけではありません。

ですが、一生懸命練習し、学生同士で試合をし、技能を磨いて切磋琢磨する、その活動はあくまで「本気」です。

プロ選手になるわけではないのに、なぜ子どもたちがスポーツに打ち込み、大人たちもそれを奨励するかといえば、それはおそらく、人間的な成長を期待しているからだろうと思います。

何かに一生懸命打ち込み、努力を重ね、自分なりに結果を出すこと。本気の取り組みのなかで、仲間と苦楽を分かち合うこと。世の理不尽や深い喜怒哀楽を経験し、苦境を乗り越える力を養うこと。そうしたことが、子どもたちの「本気のスポーツ活動」に求められており、実際それが実現しているケースも多いのだろうと思います。

この「3年」のあなたの学び、旅、修業というテーマにも、そうした副産物の可能性がたっぷりと含まれています。あくまで「本気」の取り組みを通して、人間的成長、精神的成長が起こるのです。

学びや旅の場では、予期せぬ人間関係のドラマが展開することがあります。修業の場でも同じです。ただ本を読んでいればいい、ただ旅程をまちがわず通り抜けてくればいい、というだけのことなら、たぶん、学ぶことも旅も、あまり意味はないのかもしれません。その世界に飛び込んで、真剣に取り組んだからこそ、はじめて起こる「成長」があります。

もちろん、この時期旅をし、あるいは学び、修業するあなたは、そうした人間的成長を最初から見込んでいるわけではないかもしれません。

でも、最終的にあなたがこの取り組みで得る最大の果実は、どこまでも深い、ゆたかな人間的成長なのではないかと思います。

・ものごとを「なおす」時間

「なおす」という言葉は、地域によっては「片づける」を意味します。

もともとの状態、あるべき状態に「なおして」おく、とイメージすると、納得がゆく気がします。

2024年後半から2025年の年明け、あなたの世界ではいろいろなことを「なおす」プロセスが走るようです。

この「なおす」は、修理する、治療するということと、「片づける」ことの両方を含みます。

散らかった場を片づける作業、壊れたものを修理する作業、傷ついた心身を癒やす作業。この「散らかった場」「壊れたもの」「傷ついた心身」は、もしかするとあなたの世界で、長いあいだ放っておかれていたのかもしれません。

放り出され、投げ出されていたそれを、まずはていねいに拾い上げ、かまい、必要な手当てをします。

すると、心のなかで止まっていた時間が動き出すかもしれません。

捨ててしまったと思っていたものが、あなたの世界に「復活」する可能性もあります。古い人間関係、かつての信頼関係が息を吹き返し、今現在のあなたの生活に深く、入り込んでくるかもしれません。そこには、ゆるしと救いがあります。

・活躍のための闘い

９月から２０２５年４月にかけて、あなたの星座に闘いと情熱の星・火星が長期滞在します。

ふだん、火星はひとつの星座を２カ月弱ほどで駆け抜けてゆくのですが、２年に一度ほど、１カ所に長居するのです。今回は蟹座から獅子座にまたがって、２０２４年後半から２０２５年前半まで居座ります。

火星が長期滞在する時期はすなわち、火星が地球に近づく時期でもあります。今回は２０２５年１月12日、あなたの星座でふだんより、火星が大きく、赤く輝くことになります。

これは文字どおり、蟹座の人々がなんらかのテーマに心を燃やし、情熱的に取り組み、闘いを挑む、ということを示しています。

火星が蟹座に滞在するとき、蟹座の人々は自分の才能や適性、愛など、自分から外界に向けて放出するものに意識を向けます。

納得のゆくパフォーマンスができているか。

自分に合った活動ができているか。

才能を活かすことができているか。

自分から積極的・能動的に行動できているか。

大切なものをちゃんと愛せているか。

内なるエネルギーを「つかって」いるか。

今述べていることは、自分自身のアイデアなのか。

たとえばそうしたことを自問自答し、自分自身との闘いに挑む人が少なくありません。

さらに、自分の才能を活かすために、「場の開拓」に挑む人もいます。

必要な条件をつかむために、あちこちにガンガンぶつかっていく人もいます。

2024年9月から2025年4月、あなたはなんらかのかたちで、大きなものにぶつかっていき、すばらしい条件を勝ち取ることができるでしょう。あるいは自分自身に打ち勝って、「一皮むける」ことになるのかもしれません。

この時期は特に、「活躍の場」にスポットライトが当たります。

自分に合った仕事、活動ができているかどうかを自問し、より活動しやすい、納得のいく環境を開拓できるのです。

「思うように活動できる条件を勝ち取るため、闘う」といった展開になりやすいときです。ジャマをしてくる人と闘ったり、システムやルールの上での制限を解除してもらえるよう交渉したりする人もいるでしょう。

ここで挑んだ「条件闘争」の結果が、今後のあなたの活動に、大きな影響をおよぼします。勇敢に勝負した人ほど、夏以降、断然活動しやすくなるはずなのです。

蟹座はもともと「甲羅のなかに大切なものを守ること」をテーマとする星座です。ゆえに攻撃的になる場合は、ある意味「逆ギレ」のような態度になりがちです。特に幼い状態では、冷静に闘って勝利しようとするのではなく、目をつぶって闇雲に武器を振り回すようなやり方になりやすいのです。

本書の終わりのほうに蟹座の神話に触れたページがありますが、神話に出てくる蟹の闘い方が、まさにそれです。

感情が沸騰して蛮勇をふるう、あるいは臆病が高じて攻撃的になったがゆえに相手に退路を残さない、といった弱点が目立つのが、蟹座の「闘い方」のようです。

2024年後半からのあなたの「闘い」は、そういう意味で、多少不器用なものとなるかもしれません。洗練されたスマートな闘いではなく、感情に振り回されたり、「暴発」してあとでフォローに奔走したり、といったことも多く起こるかもしれません。

それでも、ここで闘っておくことには、大きな意義があります。

あなたが自分自身の活動や取り組みに真剣であること、広い視野と高い理想を持っていることが、この時期の「闘い」によってある程度以上に示されるからです。

ここでの闘いには、言わば「舐《な》められないための闘い」という意味もあるのだろうと思います。

2025年

・華やかな「約12年に一度の、ターニングポイント」

2024年から2026年の「3年」のなかで、2025年がもっとも華やかな、目立つイベントの多い時間となっています。あなたの星座である蟹座に、拡大と成長の星・木星が約12年ぶりに巡ってくる時間だからです。

引っ越しや転職、独立、家族構成の変化、結婚や出産、その他もろもろ、はっきりと「生活が変わった！」とわかるような人生の一大イベントが、ひとつではなく複数、連動して起こるような時間帯です。

大きな決断をし、なかば「賭けに出る」人もいるでしょう。いくつもの心理的ハードルを超え、現実的障壁をぶち壊しながら、新しい世界へと旅立つ人もいるでしょう。

自分には大きすぎると思えるチャンスを、あえてつかみにゆく人もいるでしょう。特別な出会い、ふしぎな縁に導かれ、気がつけばまったく知らない場所まで来ていた！といった体験をする人もいるはずです。

長いあいだの夢を叶える人もいるでしょう。

長く見ていた夢から覚める人もいるかもしれません。

大きな責任を引き受ける決心をする人、抱え込みすぎていたものを手放して新しい人生を勝ち取る人もいそうです。

自分を変え、世界を変えることができます。だれが見てもわかるほど、キャラクターが一変する人もいるはずです。

ここでは、あなた自身が目標や望みを持つことが大切です。

というのも、「何がしたいのか」「どうしたいのか」がわからないままますごしてしまうと、ただ嵐のなかで舵がきかず、振り回されるような状態になるかもしれないからです。

それほど、人生を揺さぶる力が強く作用するのです。

起こるイベントの振り幅が大きく、経験則では対処できないことがたくさん生じます。

とはいえ、おそらくあなたは、2024年までの「学び・旅」のプロセスのなかで、ひとつのたしかな方向性をすでに、つかんでいるはずです。

どこに行きたいか、何をしたいか、そして何を変えたいか、新たに何を始めたいかは、２０２４年のなかでおおまかに、決まってしまっているだろうと思います。

単に「木星が巡ってくる年」なら、12年ごとに訪れます。

今回はそのなかでも、ほかの星の配置の「華やかさ」が突出しています。

星占いで重要とされる場所として４つ、「自分自身」「居場所」「パートナーシップ」「社会的立場・キャリア」のハウスがあるのですが、このなかでももっとも目立つ「自分自身」と「社会的立場・キャリア」の場所に、２０２５年は重要な星がガツン、ガツンと巡ってきているのです。

特に、1月から4月なかばにかけて火星が、そして6月10日から２０２６年6月30日にかけて木星が、あなたの星座に滞在します。

星占いでの「自分の星座」は、時計の「12」のような場所で、スタートラインであり、「自分自身」であり、すべての起点、すべての軸と言えます。その場所が1年中、アクティブな星に照らされているのが2025年です。

アイデンティティが更新され、社会的立場がひと回り大きくなり始める年。

蟹座の人々にとって、2025年は何重もの意味で、そうそうないくらいの「ハデな年」なのです。

・合理的、外科的アプローチ

2024年の項で「なおす」という表現を用いました。

2025年にもまた、新しいかたちで「なおす」プロセスが始動します。

2024年の「なおす」との違いは、そのプロセスがある意味、機械的であり、外科的である、という点です。

分解して修理したり、物理的に切り離したりと、2025年の「なおす」作業は、ごく合理的で、バキバキしているのです。

「少し様子を見よう」とか、「見守ろう」といったゆるみ、やわらかさは、ほとんど感じられません。

「問題をそのまま放っておくなんて、非合理的だ」「悩みがあるならその問題を客観的に調べ、整理し、合理的な解決策を考えるべきだ」という、シャープでクールな態度が強まります。

繰り返されるあまり望ましくない人生のパターン、コンプレックス、心のなかのさまざまな痛みやハードルを、この時期は「外側から見る」試みが始まります。

自分の内なるものとだけ考え、なかば隠すように閉じ込めていた思いに、知的な光を当てることができるようになります。

「世の中にはこうした悩みを持つ人がほかにもいるはず」「たくさんの人がこの悩みに向き合い、ある程度の解決策がすでに生まれているのでは」といったまなざしで見つめられるようになります。

「個人的な秘密の悩み」が、「一般によく見られる症状・現象」としてとらえ直され、そこから解決への道が見つかるのかもしれません。

いわば「悩み」に、知性の翼が取りつけられるのです。

・三歩進んで二歩下がる

2025年は激しい変化の年ですが、同時に「三歩進んで二歩下がる」ような年でもあります。

このことは蟹座だけでなく、すべての星座に当てはまります。

星々が大スケールの移動を始める年ではあるのですが、次の星座に移動して、その後一度、もとの星座に戻るのです。完全に移動が完了するのは2026年です。ゆえに、変わったと思ったら揺り戻しがあったり、「変化するぞ！」という予兆を感じたままなかなか物事が前に進まなかったり、ということがあるかもしれません。

あるいは、拙速に事を進めすぎて混乱したり、先行する人とあとからついてくる人々のあいだに乖離《かいり》が生まれたりするかもしれません。

古いシステムから離脱し、新しいシステムを構築する、というプロセスが、2025年、なかなか進展しないとしても、心配はいりません。2026年になれば2025年の奮闘が「正しかった」とわかります。

蟹座の人々はどちらかと言えば、2025年、「変化を先取りしていく」グループに入るはずです。あなたが思いきって始めたこと、壊したことを、周囲がなかなか受け入れられず、つらい思いをする場面もあるかもしれません。あなたが責任を持って始めた改革を、古い価値観をだいじにする人たちが、拒否するかもしれません。でも、2026年に入れば比較的早い段階で、周囲もあなたが正しいということを認めざるを得なくなります。ここでの逆風は、単なるタイムラグの産物です。

2026年

・右肩上がりの「一大ターニングポイント」

2025年6月に蟹座入りした木星は、2026年6月いっぱいまで滞在します。つまり2026年なかばまでは、まだまだ「約12年に一度の、人生の一大ターニングポイント」のなかにあるのです。

2025年中、特に目立ったことはなかった、という人も、2026年に入ると一気に大きなイベント・変転が起こり始めるかもしれません。

さらに1月から2月、「社会的立場・キャリア」が本格的に重みを増します。ひと回り大きな役割を得、数段高いポジションに就く人も少なくないでしょう。ここから少なくとも2028年4月ごろまでのなかで、あなたの社会的立場は2024年までとは比べものにならないほど、責任あるものとなります。

長いあいだ所属してきた場所を離れ、新天地に足を踏み入れる人もいるでしょう。リーダー、管理者、監督、まとめ役、大黒柱、一国一城の主、保護者、経営者、第一人者等々、なんらかの場のいちばん高いところに立ち、自分以外の人々を羽交《はが》いのなかに守るような役割を引き受ける人が多いはずです。

2023年ごろから学び続けている人、厳しい修業を続けてきた人は、2026年春を境に「一人前」として世に出ることになるでしょう。

もはや守ってくれる師や上司はなく、自分が後進を導く立場に立つのです。

このような変化が起こると、だれでも不安を感じます。「リーダーとして、これでいいのだろうか」「みんなのためにと思って決断したが、うまくいかなかったらどうしよう」「こういう局面では、ふつう、どうするものなのだろう」等々、立ち止まって逡巡する場面が一度や二度では収まらないはずです。特に2月から4月なかば、6月から8月上旬、9月末から12月頭は、「立ち止まってじっくり考える」時間を持ちやすい時間帯です。ここでは、早く先に進むことより、腰を据えて目の前のテーマと向き合うことを優先できます。

・「欲」の勃興

7月からの約1年は、平たく言って「金運のよい時期」です。経済活動がガツンと動きます。

この時期の「金運」は、棚からぼた餅のようなことではなく、あくまで自分自身の力で「獲得する」ものに作用します。

ふだん、外部から報酬を得るような仕事をしていない、という人も、自分自身の節約や投資、経済的工夫に関して「結果が出てくる」のを実感できるでしょう。自分の手からなんらかの価値が生まれた、という手応えを得られるのです。


2025年から社会的立場がだんだんと変わってきた人が少なくないはずですが、「ポジションが上がったぶん、収入も増える」のかもしれません。

また、独立したり、自分で活動を始めたりした人は、そうした活動が軌道に乗り、収入が増え始める、といった展開もあり得ます。

対外的な「がんばり」に対して、物質的・経済的収穫がもたらされるのです。

大きな買い物をする人、自分の手で何かを創作・制作・生産する人もいそうです。

庭やベランダでプチトマトを育て始める、などということも、立派な「生産」です。自分の手のなかで始まった小さな試みが、やがて大きめの経済活動に発展していく可能性もあります。

この時期、あなたの胸にはさまざまな「欲」がわいてくるでしょう。これまでに感じたことのないような強い欲望、激しい衝動を感じる場面もあるかもしれません。

人のモノがうらやましくなったり、同じジャンルのモノをいくつも買ってしまったり、そのほかにも名誉欲、支配欲、承認欲求、性欲など、何かが「欲しい!」という気持ちがとにかく、燃え上がるのです。

こうした状態はすでに2024年の終わりから2025年春に体験しているかもしれません。あのときにはどうしても満たせなかったこと、足りなかったものが、この時期に少しずつ、満ちてくるかもしれません。

・秋冬、愛と情熱の模索

9月中旬から2027年1月頭にかけて、「愛と創造、情熱」というテーマに特別なスポットライトが当たります。

この時期、愛のためにじっくり腰を据えてがんばる人が多そうです。

たとえば、愛する人のケアのために奔走することになるのかもしれません。あるいは、自分の心と向き合い、自分が本当は何を望んでいるのか、それを自問自答していくことになるのかもしれません。

または、ごくゆっくりと、行きつ戻りつしながら、恋愛に足を踏み入れる人もいそうです。

自分の才能を「再発見」する人もいるでしょう。

一度あきらめた「本当にやりたかったこと」に回帰する人もいるはずです。あるいは、長年の趣味の道具をすべて手放し、新しい趣味を探し始める、といった「楽しみのリセット」をおこなう人もいるかもしれません。

恋愛も、趣味も、クリエイティブな活動も、それ自体が活動の目的です。ほかに何か目的があってやることではありません。

「なんのためにそんなことをするの？」と聞かれても、答えられないはずなのです。でも、人間の心にはごく容易に、すり替えや置き換えが起こります。親を安心させるために恋人を探したり、趣味の活動で収益が得られないかと考え始めたり、人にほめてもらうために作品を創り出したりするのです。さらに、「ために」のほうに重心が完全に移動してしまい、もはや愛も楽しみも才能も、そっちのけになることさえあります。

もし、あなたの世界でそんな脱線・置き換えが起こっていたなら、2026年秋から冬にかけて、大きな軌道修正ができます。自分が本当に求めていたものは何か、原点に立ち戻って、定義し直せるのです。

純粋な「好き」という気持ち、楽しみや喜び、没頭し夢中になる時間。そうしたものを「取り戻す」ことができるのが、このタイミングです。

・心のオーバーホール

2024年、2025年の動きを経て、「なおす」プロセスがここから本格化します。2026年4月26日から2033年ごろにかけて、いわば「心のオーバーホール」のような作業が進んでいくのです。

多くの人の悩みや迷いは、複雑に入り組んでいて、個別的で、簡単には片づきません。

人の悩みはすべて似ていますが、完全に同じものはひとつとしてありません。

ほかの人にとってうまくいった対策が、似たような状況にあるほかの人には、逆効果となることもあります。

だれにでも合う薬がないように、どんな悩みにも効く対処法は存在しないのです。

ゆえに、長く抱えた問題を解決するには、その問題をていねいにときほぐし、分析し、分解していく必要があります。十把一絡《じっぱひとから》げにせず、小さなことも大切にあつかいながら、自分だけの複雑な仕組みを「読み解く」努力が求められるのです。

心というのはふしぎなもので、実際のところ、完全には理解できません。

悩みを完全に理解することも、悩みをカンペキに解体することも、不可能です。でも、それを「なんとかしよう」として真剣に取り組んでゆく、その情熱や意志が継続していくと、そのこと自体がひとつの「薬」となって、突然問題が解決することがあります。

頂上に到達するかどうかはさておき、頂上を目指すという行為が、問題解決の糸口となるのです。

さらにこの時期は、さまざまなことのとらえ方が変わり始めます。

たとえば、ずっと「これだけは信念として、ゆずれない」「このことはア・プリオリに正しい」と心につかみしめてきたものを、突然「ああ、これはもう、いいや」と、手放せるようになるのです。

「これは自分ひとりでやらないと！」「このことには、自分が責任を持たねば」と思い決めてきたことを、「もうひとりでやっている場合じゃないなあ」といきなり、方針転換する人もいるかもしれません。

特に、人に頼ったり、甘えたりすることへの間口が広がります。

人を頼ることによって、結果的に相手を助けることにもなる、という見方ができるようになるのかもしれません。自分の役割を分割して他者に分け与えることで、より多くの役割とやりがいが生まれ、そこに報酬も生まれる、といった展開になるのかもしれません。

救い合うこと、任せ合うこと。

こうした言い方はちょっと変則的ですが、2026年以降の蟹座の世界には、ぴったりくる気がするのです。

3

テーマ別の占い

愛について

2008年からこれまでの、あなたの愛やパートナーシップにまつわる出来事を、思い返したくなるかもしれません。リアルタイムではわからなかったことが、今ならよく理解できるはずです。

自分では「これが当たり前」と思っていたことも、振り返ればそうではなかったかもしれません。

支配されたり、依存し合ったり、執着したり、おたがいに縛り合ったり、操作し合ったりと、何かしらコントロール不能な、強烈な結びつきが生じていたかもしれません。

たがいの愛の関係のなかで深く傷つけ合い、ときに人生の危機を感じるような場所を通り抜けて、愛の関係のなかで魂を焼かれ、焼かれた魂が不死鳥のように新しい命を得て復活し、今ではその愛の関係に揺るぎない自信を持っている、という人もいるだろうと思います。

・パートナーがいる人

ふたりの関係性が2024年を境に、大きく変化しそうです。

2008年ごろからふたりのあいだに生じていた「過剰な重力」のようなものが消えていくのです。

おたがいに何気なく暮らしていた人も、2024年を過ぎると、相手の存在がいい意味で少し軽くなるでしょう。なんの問題もなく仲良しだった、という意識でいた人も、2024年からは「今までより、呼吸しやすい」「いっしょにいて、さわやかな気持ちでいられる」と感じられるだろうと思います。「これまでおたがいがおたがいの存在に、めり込むようにして暮らしていたのだな」という実感を持つ人もいそうです。

人間は繰り返される生活のなかで、たいていのことに慣れてしまいます。過剰な要求や依存、キャパシティを超えるような期待、束縛や執着、妬みなども、日常化してしまうと「こんなものだろう」と感じがちです。

2008年ごろから今に至るまで、あなたとパートナーのあいだには、たがいがたがいをブラックホールのように飲み込み合うような、特殊な状態が生じていたのかもしれません。この状態を通して心がいったんバラバラになり、やがて再びよみがえる、といったプロセスをたどってきた人が、少なくないはずなのです。

これまで相手からの「縛り」を感じていた人ほど、2024年以降の変化の振り功する瞬間のうれしさを味わいたい。私も努力をし続けたいと思っている人間です。
しかし一方で、だれにでも「生きているだけでいい」と言ってあげられる世界であってほしいとも思っています。生まれてきて、生きて、死ぬ。それでじゅうぶんだと。

『誕生日で切り替わる　9年間の数秘占い』橙花著　すみれ書房

幅は大きくなります。

たとえば、なんらかの事情で常に行動をともにしていたとか、どちらかが病気になって一方に頼りきりになっていたとか、経済的に完全な支配関係が生じていたとか、そのほかもろもろ、紐帯《ちゅうたい》が「強すぎる」状態に置かれていた人も少なくなかっただろうと思うのです。

あるいは逆に、おたがいがおたがいに対して完全に背を向けてしまう、「隠れてしまう」ような状態にあった人もいるでしょう。しかし隠れれば隠れるほど「別れられない」という桎梏《しっこく》が重みを増した人もいるのではないかと思います。

そうした「縛り」が、2024年は解消されます。

より自由な、自立した関係を再構築できるのかもしれませんし、一度関係を解消して、新しい可能性を探る人も出てくるでしょう。「絶対に別れられない」ということが単なる思い込みだったと気づき、憑き物が落ちたように新しいアクションを起こす人もいるかもしれません。

人間と人間は一人ひとり、個別に切り離されているようで、現実にはいとも簡単に結びついたり、心を奪われたり、コントロールしたり、されたりしてしまうものです。どんなに多くの人が他人の顔色をうかがい、人のほめ言葉を求め、小さな苦言に心を痛めているかを考えると、それは容易に理解できます。

ましてや愛の関係のなかでは、たがいの境界線は常に、かぎりなく曖昧です。相手が言ったことを自分の意見だと思い込むこともあれば、自分が相手に要求していることなのに、まるで相手の独断だと信じ込んでしまうこともあります。役割も、行動も、記憶のなかで簡単に入れ替わって、たがいにたがいが鏡のようになっていることさえあります。

そうした現象を通して、私たちは人間的変容を遂げ、成長したり、堕落したりします。人はおそらく、他者と関わることでしか成長できませんし、さらに言えば、もっとも濃い人間関係であるパートナーシップは、人間的変容を遂げる上で、いちばん強力な「るつぼ」と言っていいと思います。

2008年から2024年まで、あなたとパートナーや愛する人の境界線は、従来以上に曖昧になっていました。もとい、本来存在していたカベが、マグマによって融けて流れ出し、中身がごちゃ混ぜになっていた、といった状態だったのかもしれません。

そんな、熱く融け合い、焼きつくし合い、搾り取り合うような状況から、2024年のあなたは静かに抜け出します。

そしてもう一度、新しい関係を結び合うことが可能になるのです。

2024年以降、あなたのパートナーシップはいい意味で軽やかになり、さわやかになり、より機動的でダイナミックな関係へと変わっていきます。

それは、これまでの非常に強い重力でおたがいにめり込み合うような、深い体験を経たからこそ成り立つものと言えます。

信じ合う気持ち、受け入れ合う力の強いふたりほど、それぞれが広い行動範囲を持って、自立的に動けます。

パートナーシップを「たがいがたがいを束縛し、不自由になること」だと考える向きもありますが、本物のパートナーシップは「結ばれ合っているがゆえに、ひとりでいるときよりも自由な心で生きられる」ようになるものだろうと思います。

2024年以降、そうした関係の「自由度」を実感する人が多いはずです。

パートナーシップに前向きな変化が起こりやすいのは、2024年の年明けから2月なかば、9月から11月頭、2025年1月から4月なかば、12月なかばから2026年1月です。

また、2025年なかばから2026年なかばは、あなた自身の「人生の転機」です。あなたの生き方や立場が変わるのにともない、パートナーとの関係も変化する可能性の高い時期です。

さらに2026年9月中旬から2027年1月頭は、愛のために立ち止まり、じっくり時間をかけておたがいを思いやれるときです。倦怠期を迎えたり、「愛が消え始めた」と感じたりしていた人も、このタイミングで愛の復活を実現できるかもしれません。

・恋人、パートナーを探している人

2025年なかばから2026年なかばは「人生が変わる」タイミングで、文字どおり人生を一変させるような出会いの可能性が高い時期です。パートナーを探している人はこの時期に、「この人だ！」と思える相手と出会えるでしょう。

特に、2008年ごろからパートナーや恋人という存在に対して、ある種の固定的な考え方、思い込みにとらわれていた人ほど、2024年からはそうした思いか

ら自由になり、現実的な相手探しができそうです。

また、過去の恋人への思いを引きずってしまったり、出会いがあっても過剰な疑心暗鬼にとらわれたりして、なかなか心を開けずにいた人は、そうした「悪い魔女の封印」のようなものが解かれます。他者に向かう心が呪縛から解放され、人を見る目が変わります。

相手に期待するものが大きすぎた人は、その期待が軽減されます。

一方、自己犠牲的な考え方に縛られていた人は、自分自身の幸福を考えられるようになります。

今まであなたと「その人」の出会いを妨げていた強烈な力が解除され、機動的に動けるようになり、びっくりするほど簡単にカップルになれる可能性もあります。

愛を見つけやすいのは、2024年1月から2月、6月から7月なかば、11月なかばから12月上旬、2025年7月末から8月、9月下旬から10月、12月なかばから2026年1月、2026年5月下旬から6月なかば、9月から翌年1月頭です。

特に2026年の秋から冬は、「失った愛が戻ってくる」ようなことが起こりやすいときです。かつての愛が復活する可能性があります。

・片思い中の人

長く片思いしている人ほど、2024年を境に状況が大きく変わりそうです。2008年ごろからあなたの「一対一の関係」はある種の膠着状態に入っていたのですが、その膠着《こうちゃく》状態が解除されるのが2024年なのです。ゆえに「片思いを続けたまま、動けない」という金縛りのような状態が、なんらかのかたちで2024年、終わります。

さらに2025年なかばから2026年なかばは、あなた自身の人生が約12年サイクルのスタートラインを迎えます。ここで「新しい人生を始めよう！」というドライブがかかるので、片思いで苦しんでいる人ほど、状況を変えるためのアクションを起こしやすいはずです。

特に、2024年9月から11月くらいのなかで、片思いの「出口」を見つける人が少なくないようです。この時期は過去16年ほどの「人への思い」を総括できる節目であり、自分自身と徹底的に向き合える時期でもあるからです。

自分の人生に責任を負う覚悟をもってすれば、「片思いを続ける」道もまた、人生の選択肢のひとつです。たとえおたがいの道が交わることがなかったとしても、この愛を貫こう、という決断をする人もいるかもしれません。

ただ、そのことの結果について、この時期はかなりリアルに想定することになるのだろうと思います。「いつか何かが起こるかも」という幻想的な期待を含む見通しは、ここではあなた自身の手によって、排除されるはずです。

この3年間のなかで、「一度、物理的に遠方に移動することによって、自分の心を見つめ直す」という人も少なくないかもしれません。

片思い中の相手が物理的に視野に入らない場所に身を置き、自分自身との対話を深め、今後の道筋を考える、といった行動を起こせるときです。

あるいは、一時的に遠く離れる体験を通して、「気持ちを伝えなければならない」と確信する人もいるかもしれません。

または、転勤や引っ越しをきっかけに、「会えなくなる前に、思いを伝えておこう」と決心し、片思い状態から抜け出す人もいそうです。

さらには、移転や短期的な移住を通して、ほかの多くの人々と知り合い、新しい愛に出会う人もいるでしょう。

片思いの関係でも「離れてみてわかること」はたくさんあるようです。

・愛の問題を抱えている人

２０２４年を境に、問題が解決に向かうでしょう。

まさに「憑き物が落ちる」ような変化が、自然に起こるはずです。

あなた自身の心境が変わる可能性もありますし、あなたの置かれた状況が劇的に変わる可能性もあります。

あるいは、友だちや第三者、カウンセラーなどの助けを得て、迷路から脱出する人もいるだろうと思います。

特に、その問題の根幹に執着や依存、思い込みなど、強い心の磁力が働いていた場合は、そうした力が消えていくことで、問題自体が消え失せるかもしれません。

遅くとも２０２６年までには、悪い魔法が解けるように、その問題は解決しているはずです。

仕事、勉強、お金について

・最初にまず学ぶ

この3年の前半は主に、「学ぶ」ことに軸足が置かれています。

学校に行ったり、「師」のもとで修業したり、資格を取得したりする人が少なくないでしょう。あるいはたゆまぬ独学によって力を強化していく人もいるはずです。

学んでいるあいだは極度に自信を喪失したり、自分が成長できているかどうかという不安に苛《さいな》まれたりするかもしれませんが、それはまさに「成長過程」にあることの証《あかし》です。ふつう、人は学べば学ぶほど、不安になり、謙虚になるものだからです。いったん学び始めると、自分の知らない世界が果てしなく広がっていることがわかります。どんなに学んでもその一部しか習得することはできない、上には上がいる、などのことが見えてきて、自信がなくなるのが「本当」なのです。

この時期のあなたは特に、非常に高いものを目指して学ぶ傾向があります。したがって、自信喪失の度合いもまた、大きくなりがちです。

でも、客観的には、あなたはこの3年のなかで急成長を遂げることになります。特に2024年から2025年は、そのプロセスにどっぷりはまることになるでしょう。

・学んだことを、高い場所で実践する

2025年なかば、そして2026年2月以降は、社会的な活躍に軸足がシフトします。

2023年ごろから学んできたことを、今度は実践に移すことになるのです。

しかし、この「実践の場」は、比較的高い場所にあります。

たとえば、学校を卒業していきなり管理職に就く、といったイメージです。見習いや下っ端からスタートするのではなく、いきなり幹部候補生として上に立たされるような展開になるのです。

できれば地道に、低いところから階段を上りたい、と思う人も多そうですが、この時期はそうはいきません。ゆえに、プレッシャーやストレスも強まるかもしれません。人から見上げられることの緊張感や孤独感を日々、感じることになるかもしれません。

ですが、日を追うほどにその役割が、どんどん「身についていて」きます。

自分がやっていることに自信が出てきて、周囲からの目もやわらぎ、受け入れられていく手応えを感じられます。

2025年から2026年にあなたが立つ「仕事場・職場」は、真に名誉あるポジションであり、人を守ったり助けたりするポジションです。

人からほめてもらうことや評価されることを目指すのではなく、人をほめたり評価したりすることに尽力するようなポジションです。

具体的には、管理職を引き受けたり、リーダー的な動きを求められたり、経営側にまわったりすることになるのかもしれません。まとめ役、指導者、教育者のような仕事を始める人もいるはずです。

周囲を見渡すと、あなたに認められようとしている人の、必死のまなざしが見えるかもしれません。あるいは、つまずきながらあなたの助けを必要としているだれかの姿が見えるかもしれません。

もし、2025年以降、「だれも自分を認めてくれない、がんばりを見ていてくれる人がいない」というつらさがわき起こったら、このことを思い出していただきたいのです。

今、あなたは「見てもらう側」ではなく「見る側」なのではないでしょうか。

そして、今のあなたが取り組んでいる仕事は、いつのまにか数年前のあなたの仕事の、3倍も4倍も大きなものになっているのではないでしょうか。

この時期の仕事の場では、深く共感する力と、厳しく守る力の両方が求められます。あなたのなかの真の強さが、この時期の仕事を通して引き出され、鍛え上げられます。仕事の体験を通して、人としての器が何倍にも大きくなる時間です。

キャリアの変化が起こりやすいのは、2024年3月から6月上旬、2025年から2026年を通しての時間帯です。

特に2026年前半は、活動の場が一変したり、仕事の内容がガラッと変わったりする可能性の高い、激動の時間帯です。

・お金について

経済活動のスケールが、この3年間を境に、数倍に拡大しそうです。

たとえば、これまで無借金で手堅く続けてきたビジネスを、融資を受けてガツンと拡大する、といった展開が考えられます。

また、人の仕事を受け継いだり、経済的な援助を受けたりすることで、あつかうお金の額の「ケタが増える」ようなことも起こるかもしれません。

他人のお金や財を管理したり、投資を始めたりする人もいるでしょう。

自分のお財布が外部のお金の流れと強く結びつき、経済的な人間関係が大きく広がっていくのです。

この動きは、少々コントロールしにくいような部分も含んでいます。リスクを取った結果多くを失うとか、思うようにお金が回らずに苦心する、などのことも起こるかもしれません。

それでも粘り強く努力を続けてゆくなかで、失ったものをより大きなかたちで取り返せそうです。もとい、取り返すというよりは、より大きく「成長させる」ことができるはずなのです。

2026年7月からの約1年は「経済活動の時間」です。平たく言って「金運のいいとき」で、とてもゆたかな時間なのです。

価値あるものを自分の力で、ガツンと手に入れられます。

収入が大幅にアップする人もいれば、不動産や車など、大きな買い物に臨む人もいるでしょう。

2024年からのさまざまな努力、試みが、この2026年なかば以降の時間に、経済的果実となって「報われる」という展開になるのかもしれません。

家族、居場所について

この3年は「外へ、外へ」と意識が向かいます。

また、2025年なかばから2026年は「自分自身」の大変革期を迎えます。

ゆえに、居場所や家、家族にまつわることは、ついおろそかになりがちかもしれません。

ですがこうしたときほど、自分が今何を見つめ、何を考え、何に取り組んでいるのか、ということをまわりの人々にわかってもらうことが、大切です。

「自分はこんなに苦労しているのだから、きっとわかってくれているはず」という意識でいると、いつのまにか、大きな心のすれ違いが生じかねません。折に触れて現状を説明するとともに、家族や大切な人の現状についてよく話を聞いておきたいところです。

2025年8月から11月は、引っ越しや家族構成の変化などが起こりやすいタイミングです。家族と徹底的に語り合って「膿《うみ》を出す」ようなこともできるかもしれません。

2026年8月から年明けにかけては、家族やふだんともにいる人々の愛をたっぷり受け取れる時間となっています。また、あなた自身の胸にも「家に帰りたい」「愛する人を大切にしたい」という思いがわき上がるでしょう。「居場所」がふだんの何倍も重要性を増し、そこですごすことがとても楽しくなるときです。

さらにこの時期は、子どもがいる人にとって、非常に重要な節目です。

たとえば、子どもが成長の節目、あるいは転機にさしかかって、そのサポートに力を尽くすことになるのかもしれません。子どもが「肝心な局面」にさしかかり、保護者の絶対的で明確な愛情表現を必要とするような場面があるのかもしれません。ふだんの教育方針を変更する必要が出てきたり、子どもとの関係を通して自分自身を見つめ直すことになったりするのかもしれません。

2026年後半から2027年年明けは「あって当たり前」「いるのが当たり前」の存在に対して、意識を改めて愛情を注ぐことになります。

プライドや照れくささなどの小さな心情的ハードルをすべて超えて、到達しなければならない愛の境地があるようです。

この3年で悩んだときは――「成長」について

「井の中の蛙《かわず》　大海を知らず」ということわざがあります。

小さな井戸のなかでは、カエルは大変存在感がありますが、広い海にカエルを投げ込んだら、たちまちどこにいるのかわからなくなってしまうでしょう。大きさとは、相対的なものです。広い場所に出るほど、自分が小さく感じられるのです。

また、たとえば海外旅行などで未知の場所にひとりで立つとき、どんなに剛毅《ごうき》な人でも、多少は緊張するものだろうと思います。自信がなくなり、判断がおぼつかなくなり、迷子になります。

2024年からの3年間、あなたがもし、悩みや不安を感じたら、その根本的な仕組みは、このようなものです。

つまり、広い場所に出ようとしているからこそ、自分が小さく思えます。未知の世界に足を踏み入れたからこそ、自分が無知に思えるのです。

この時期あなたが目指している場所、立っている場所は、あなたの知らない世界です。たとえ物理的にはこれまでと変わらぬ同じ場所に通っているのだとしても、そこにはこれまでと違う時間、違う空気が流れています。学ばねばならぬことがあり、すぐには理解しきれないようなことが詰まっています。

「知らない」ことはそれだけで、人をおびえさせます。でも、粘り強く「知るための努力」を重ねてゆけば、あれほど怖かったことがいつか、自分自身の一部となり、武器にも防具にもなります。

特に2025年秋から2026年の年明け、あなたは「未知の世界が、自分の一部に変わった」ことを実感できるだろうと思います。学んできたこと、挑戦してきたことがあなたという存在のなかに流れ込み、「これこそが自分だ」という感覚がアップデートされるのです。

「成長」は、意識的にできるものではありません。

しかし同時に、「成長」は、意識的な努力なしには実現しません。

これは大変むずかしいことです。

ですがこの3年間を通して、あなたは確実に、飛躍的成長を遂げます。

迷いや悩みが起こっているときは、その迷いや悩みをとにかくどっぷり「生きる」ことが、成長への近道です。

さらに、「本当に悩むべきことについて悩む」ことも大切です。

人間は、本当に悩むべきことについて悩むのがつらいばかりに、どうでもいいようなことで「悩んでいるフリ」をすることがあります。

たとえば、過去の自分の選択がまちがっていた、ということをずっと「こすり続ける」人がいます。

「あのとき別の道を進んでいさえすれば、人生がまったく違ったはずなのに！」と考え続け、それを「悩みの種」とすることで、今現在向き合わなければならない問題をすべて、その「悩みの種」のせいにして、向き合わずにすませるのです。今現在の悩みについては「あのときの選択がまちがっていたからだ」ということにして、今の自分としては決して、引き受けないのです。

こうしたスタンスに陥ると、もはや「悩みを生きている」とは言えません。偽物の悩みを生きてしまうと、成長は叶わなくなります。

ただ、このような状況もまた、意図して起こるわけではありません。いつのまにか無意識に、そう「なってしまう」ものでもあります。

もし、あなたがそんな無限ループに陥ってしまっていたなら、2024年からの3年のなかで、そこから抜け出せます。この3年は、本物の悩みを悩むための時間だからです。

この3年間のなかで、行き詰まりを感じたり、迷ったりしたなら、ひとまず「外に出てみる」ことを試していただきたいと思います。

行ったことのない場所、未知の世界、遠く感じていた人々の輪に、足を踏み入れてみては、と思います。

そこはあたたかくもなければ、やさしくもないかもしれません。

ですが少なくともそこは、「今、自分が何に悩むべきなのか」をむきだしで教えてくれる場所です。

そのことがわかれば、前に一歩、踏み出せます。
そして踏み出したとき、力強く導いてくれる運命の手が、差し出されます。

4

3年間の星の動き

2024年から2026年の星の動き

星占いにおける「星」は、「時計の針」です。

12星座という「時計の文字盤」を、「時計の針」である太陽系の星々、すなわち太陽、月、地球を除く7個の惑星と冥王星（準惑星です）が進んでいくのです。

ふつうの時計に長針や短針、秒針があるように、星の時計の「針」である星たちも、いろいろな速さで進みます。


星の時計でいちばん速く動く針は、月です。月は1カ月弱で、星の時計の文字盤である12星座をひと巡りします。ですから、毎日の占いを読むには大変便利ですが、本書であつかう「3年」といった長い時間を読むには不便です。

年単位の占いをするときまず、注目する星は、木星です。木星はひとつの星座に1年ほど滞在し、12星座を約12年でまわってくれるので、年間占いをするのには大変便利です。

さらに、ひとつの星座に約2年半滞在する土星も、役に立ちます。土星はおよそ29年ほどで12星座を巡ります。

もっと長い「時代」を読むときには、天王星・海王星・冥王星を持ち出します。

本書の冒頭からお話ししてきた内容は、まさにこれらの星を読んだものですが、本章では、木星・土星・天王星・海王星・冥王星の動きから「どのように星を読んだのか」を解説してみたいと思います。

木星：1年ほど続く「拡大と成長」のテーマ
土星：2年半ほど続く「努力と研鑽」のテーマ
天王星：6〜7年ほどにわたる「自由への改革」のプロセス
海王星：10年以上にわたる「理想と夢、名誉」のあり方
冥王星：さらにロングスパンでの「力、破壊と再生」の体験

2024年から2026年の「3年」は、実はとても特別な時間となっています。というのも、長期にわたってひとつの星座に滞在する天王星・海王星・冥王星の3星が、そろって次の星座へと進むタイミングだからです。

天王星は2018年ごろ、海王星は2012年ごろ、冥王星は2008年ごろ、それぞれ前回の移動を果たしました。この「3年」での移動は、「それ以来」の動きということになります。

たとえば、前々回天王星が牡羊座入りした2011年は東日本大震災が、冥王星が山羊座入りした2008年はリーマン・ショックが起こるなど、長期的な時間を刻む星々が「動く」ときは、世界中が注目するようなビビッドな出来事が起こりやすいというイメージもあります。

もちろん、これは「星の影響で地上にそうした大きな出来事が引き起こされる」ということではなく、ただ私たち人間の「心」が、地上の動きと星の動きのあいだに、そのような象徴的照応を「読み取ってしまう」ということなのだと思います。

とはいえ、私がこの稿を執筆している2022年の終わりは、世界中が戦争の緊張に心を奪われ、多くの国がナショナリズム的方向性を選択しつつある流れのなかにあります。また、洪水や干ばつ、広範囲の山火事を引き起こす異常気象に、世界の多くのエリアが震撼する状況が、静かにエスカレートしている、という気配も感じられます。

この先、世界が変わるような転機が訪れるとして、それはどんなものになるのか。

具体的に「予言」するようなことは、私にはとてもできませんが、長期的な「時代」を司る星々が象徴する世界観と、その動きのイメージを、簡単にではありますが以下に、ご紹介したいと思います。

ちなみに、「3年」を考える上でもっとも便利な単位のサイクルを刻む木星と土星については、巻末に図を掲載しました。過去と未来を約12年単位、あるいは約30年スパンで見渡したいようなとき、この図がご参考になるはずです。

・海王星と土星のランデヴー

2023年から土星が魚座に入り、海王星と同座しています。2星はこのままよりそうようにして、2025年に牡羊座に足を踏み入れ、一度魚座にそろって戻ったあと、2026年2月には牡羊座への移動を完了します。

魚座は海王星の「自宅」であり、とても強い状態となっています。海王星は20

12年ごろからここに滞在していたため、2025年は「魚座海王星時代、終幕の年」と位置づけられるのです。

蟹座から見て、魚座は「冒険、学問、高等教育、遠方への旅や移動、専門分野、親戚縁者、宗教、理想」などを象徴する場所です。

この位置にある土星と海王星は、少し似た象意を示すことになります。というのも、海王星は精神的な高さや深さ、理想を象徴し、土星は時間をかけて到達できる地平を示します。この2星が「遠い場所」に位置している、ということになるのです。

この場所自体が「遠い場所」であり、海王星も土星も「遠く・高くにあるもの」を示す星なので、全体に「高く遠くにあるものを、時間をかけて追いかけてゆく」という象意が強調されることになるわけです。

具体的にはたとえば、非常に高度な学問に取り組むとか、遠方の地に旅をする、といったイメージが浮かびます。簡単には行けない場所、到達できないレベルを目指して、困難を乗り越えて進んでゆく時間と言えるのです。

さらに海王星は、現世的な利益を超えたもの、現実的には理解しがたいもの、神秘や無意識の世界などを象徴します。冒頭の「高い場所にいる、神秘的なペガサス」のイメージはそこから浮かんだものですが、そこに到達することがなんの役に立つかということは、到達してみないとわからないところがあります。

また、土星は「一足飛び」をゆるさない星です。あくまで一段一段、ステップを飛ばさずに、地道に上ってゆくことを求めるのが土星です。

ゆえに、追い求めているのは神秘的でどこか、非現実的なものであったとしても、そこに至る道のりはあくまで現実的な階段となることがうかがわれます。

どんなに深遠な学びも「1日1時間ずつ、かならずやる」などの現実的な手段によって進められるわけです。

2025年、土星と木星は、蟹座から見て「社会的立場、キャリア、仕事、目標、成功」をあつかう場所へと歩を進めます。移動を完了するのは2026年頭ですが、この動きは社会的により高いところに昇ってゆく動きを示します。より大きな名誉、重い責任、重要な地位などを引き受けてゆくことになるのです。2025年までに学んだことが、この「地位」の土台となります。人から尊敬され、頼られるような立場に立つ人が少なくないでしょう。人からほめられる側ではなく、ほめる側に立つことになる、というイメージです。導き手、指導者、審査員の側に立つことは、ある種の孤独を引き受けることにもつながります。

「自分は、もはや子どもでも若手でもないのだ」という意識を持つようなシフトが起こるでしょう。これは年齢のことではなく、立場のことです。たとえば中学生でも、2年生に進級すれば1年生という「後輩」ができます。見上げられる側としての意識を持つ必要が出てくるのです。

特に、周囲の人々にとっての精神的支柱となったり、「何かあったら私が責任を取るから、思いきってやっていいよ！」などの声をかけたりすることになる傾向があります。

自分自身が華やかに目立つのではなく、リーダーとして周囲の人々のために「献身」することが、この時期のテーマなのです。

王者としての自己犠牲、トップの孤独が求められる場面が増えるはずです。

・木星と天王星、発展と成長のルート

成長と拡大と幸福の星・木星は、この3年をかけて、牡牛座から獅子座までを移動します。

特徴的なのは、この時期天王星も、木星を追いかけるようにして牡牛座から双子

座へと移動する点です。天王星が牡牛座入りしたのは2018年ごろ、2024年に入る段階では、木星とこの天王星が牡牛座で同座しています。2025年、木星は6月上旬まで双子座に滞在します。追って7月7日、天王星が双子座へと入宮するのです。

天王星と木星に共通している点は、両者が自由の星であり、「ここではない、どこか」へと移動していく星であるということです。何か新しいものや広い世界を求めて、楽天的にどんどん移動していこう、変えていこうとするのが2星に共通する傾向です。

2星には違いもあります。

木星は拡大と成長の星で、膨張の星でもあります。物事をふくらませ、袋のようにぽんぽんいろんなものをなかに入れていくことができる、ゆたかさの星です。一方の天王星は、「分離・分解」をあつかいます。「改革」の星でもある天王星は、古いものや余計なものを切り離していく力を象徴するのです。天王星が「離れる」星なら、木星は「容れる」星です。

2024年前半、木星と天王星は蟹座から見て「友だち、仲間、希望、夢、未来、自由、フラットなネットワーク、個人としての社会参加」をあつかう場所に同座しています。

この時期、交友関係が一気に広がるでしょう。木星は膨張と拡大の星ですから、文字どおり「友だち・仲間が増える」時間と言えます。

2018年ごろから仲間や友だちとのあいだにふしぎな距離を感じていたなら、2024年ごろから状況が少しずつ変化するでしょう。天王星的な分離感、距離感、自立の感覚が、だんだんと木星によってゆるみ、さらに2026年の天王星移動によって収束していくのです。

交友関係における自由が、たとえば「現地集合、現地解散」のような状態から、もう少し密着度の強い関係、「ちょっと泊まっていきなよ」的な親密さへとシフトし始めるだろうと思います。

また「夢・希望・未来の展望」も、このあたりから大きく変わり始めます。木星は拡大と成長の星ですから、「夢がふくらむ」ことになるのです。自由な夢、新しい夢、世の中を変えようとするような反骨精神に富む夢が、ここでだいじなヴィジョンとなり、実現に向けて動き出します。

2024年なかばから2025年なかば、木星は「救い、犠牲、救済、秘密、過去、隠棲、未知の世界」へと移動します。第三者からは見えないところで、多くの問題が解決に向かいそうです。救いやゆるしを感じるような出来事が多く起こるでしょう。

木星は2025年なかばにこの場所を出ますが、天王星は2026年4月までにこの場所への移動を完了します。ここから2033年ごろにかけて、心のなかの鎖を粉砕するような試みができそうです。

後悔の種を昇華したり、コンプレックスを根本的に解体したり、罪悪感や嫉妬、恨みなど自分を縛るネガティブな、根深い感情から「自由になる」道を歩む人が少なくないでしょう。

また2024年なかばから2025年なかばは、土星・海王星が第9ハウス（遠方、旅、学び）の場所に位置しており、この木星の位置とあいまって、たとえば「山で修業する」ようなイメージ、あるいは書斎にこもってひとり研究に没頭するようなイメージが浮かびます。第三者の関与をゆるさないような環境で、特別な成長や問題解決を成し遂げることができるのです。

さらに2025年なかばから2026年なかば、木星はあなたの星座に巡ってきます。自分の星座は自分にとって、「アイデンティティ、自分自身、スタートライン、身体、第一印象、健康」などを象徴する場所です。

ここに大吉星・木星が巡ってくる時間は、「幸運期」と語られるのが一般的です。

でも、私はあえてこの時期を「耕転期《こううん》」と呼び習わしています。

というのも、大吉星・木星が運んできてくれるのは、たった1年だけの幸福などではないからです。

木星が滞在する時期、その人の可能性の畑がざくざく耕され、その先12年をかけて育てていける幸福の種がまかれます。

ゆえに、この時期は一見「更地」になったように見えることも多いようです。これまで培ったものをリリースしたり、長く続けてきたことを「卒業」したりするタイミングとなりやすいのです。

でも、それは何かがゼロになったとか、失われたということではなく、あくまで「新しいサイクルのスタートラインに立った」だけなのです。

引っ越しや転職、独立、結婚や出産など、「おめでとう！」と祝われるような人生の一大イベントが起こりやすいタイミングです。人生を変えるような出会いが巡ってくる可能性もあります。

特にこの時期は、土星・海王星の動きと連動し、社会的立場が変わりやすいタイミングと言えます。非常に遠い場所に出かけていって「免許皆伝」を受ける、といったイベントも起こるかもしれません。

2026年なかばから2027年7月にかけて、木星はあなたから見て「お金、所有、獲得、経済活動、ゆたかさ、実力」などを象徴する場所を運行します。平たく言って「金運のいいとき」です。特に、自分自身の力で価値あるものを生み出したり、勝ち取ったりできるタイミングです。

2023年からの学びのプロセス、あるいは遠征での苦労などから大きな収穫を得られるでしょう。

現世的な利益を目指して活動してきたわけではなかったのに、ここで結果的に経済的な報酬を手にできる、といった展開になるのかもしれません。

・冥王星の移動

2024年11月、冥王星が山羊座から水瓶座への移動を完了します。

この移動は2023年3月から始まっており、逆行、順行を繰り返して、やっと2024年に「水瓶座へ入りきる」ことになるのです。冥王星が山羊座入りしたのは2008年、前述のとおりリーマン・ショックが起こったタイミングでした。

冥王星は「隠された大きな財、地中の黄金、大きな支配力、欲望、破壊と再生、生命力」等を象徴する星とされます。この星が位置する場所の担うテーマは、私たちを否応ない力で惹きつけ、支配し、振り回し、絶大なるエネルギーを引き出させたあと、不可逆な人間的変容を遂げさせて、その後静かに収束します。

２００８年から冥王星が位置していた山羊座は、蟹座から見て「パートナーシップ、人間関係、交渉、対立、契約、結婚」などを象徴する場所です。

２００８年ごろから、だれか特定の人物との関係が、あなたをずっと支配していた状態だったかもしれません。

あるいはだれかへの強い執着、激しい衝動が、日常を縛り上げていたかもしれません。

一対一でのなんらかの力関係、あるいは支配関係が、生活全体の「縛り」になっていたとするなら、その縛りがほどけていくのが、２０２４年です。

「なぜ今まで、このような関わりに縛られていたのだろう？」とふしぎになる人もいるかもしれません。

また、２００８年からの強烈な関係性のなかで心が「破壊と再生」のプロセスをたどり、今非常におおらかで強い心を手に入れた、という人もいるだろうと思います。

深く強烈な関わりの経験によって、生まれ変わるような変貌を遂げた人がいるはずなのです。

2024年、冥王星が移動していく先の水瓶座は、蟹座から見て「他者の財、パートナーの経済状態、性、遺伝、継承、贈与、経済的な人間関係」などを象徴する場所です。

ここから2043年ごろにまたがって、経済活動は大きく活性化するでしょう。特に、他者の財をあつかう場面が増えそうです。

贈与や融資を受けることになったりするかもしれません。

あるいは、非常に価値あるものの「管理者」となるのかもしれません。

金融や保険などの世界で活動し始める人もいるでしょう。

さらに、性的なこともこれ以降、深い熱を帯び始めます。性的体験はときに、人の生き方や人生観、精神的な世界を根源的に変えてしまうことがあります。

２０２４年から２０４３年のなかで、だれかとの心身が融け合うような体験を通して、人間的な「化学変化」を遂げていく人も少なくないだろうと思います。

5

蟹座の世界

蟹座について

蟹座の「蟹」は、女神ヘラの放った「大蟹」です。

ヘラクレスが化け物「ヒュドラ」の退治に挑んだとき、勇者のジャマをするようにと、女神から遣わされたのです。大蟹はヘラクレスのかかとに食らいついたものの、あえなく踏みつぶされてしまいました。

一説に、カニはヒュドラの友だちだったとも言われます。

ヘラは大蟹の勇気をたたえて天にあげ、これが蟹座となりました。

蟹座の神話はあまりにもあっけないのですが、蟹座という星座の歴史は非常に古く、メソポタミア時代までさかのぼります。前述の「大蟹」はザリガニだとも言われ、古代メソポタミアでは蟹、ザリガニ、亀を表す言葉に区別がなかったのだそうです。なので、蟹座はことによると「亀座」だったのかもしれません（！）。

蟹も亀も、地下の淡水に生きる生き物、というイメージで、古い時代には冥界や死とも関係の深い星座だったと言われます。固い甲羅で身を守り、その内側にたくさんの子どもを育てる、豊饒と多産の象意を与えられています。

一般に、蟹座は「感受性が強く、気が変わりやすく、記憶力に優れ、臆病で、内向的である」などと評されます。ですがこうした説明と、蟹座の神話はどうも、ストレートに結びつきません。

蟹座の神話で、なんらかの価値観や優れたところが語られているとすればただひとつ、「勇気」なのです。

それも、外部からの攻撃に反撃する、といった自分のための勇気ではなく、女神ヘラからの使命を果たすためか、あるいは友人ヒュドラに加勢するための、完全に捨て身の「勇気」なのです。

我が身を省みず、自分以外のだれかのために、暴勇をふるう。これが、蟹座の本質だとしたら、「感受性の強い、臆病な人々」という表現は、だいぶイメージが違います。

おそらく蟹座の人々は、自分自身を守ろうとすると、非常に臆病になるのです。それが一転、自分以外のだれかのためとなれば、結果がどうなるかということさえほとんど考えず、まっしぐらに突き進むことができるのです。

ふだんは固い甲羅で身を守り、外敵を寄せつけません。

蟹座の人々は「内部」と「外部」を厳しく分けます。

「知らない人」はそれだけで嫌悪することがある一方、「知っている人」はただ知っているというだけで、文字どおり親身になって世話を焼いたりするのです。

たとえ血のつながった肉親であっても、心が通わなければ甲羅の外部に追い払い、寄せつけません。ですが、その甲羅のなかにひとたびでも「容れる」ことをした相手のためなら、ヘラクレスとでもやりあおうとするのです。

極度の臆病さと、激しいまでの攻撃性。固い甲羅はその象徴です。敵を意識していなければ、甲羅を固くする必要はないからです。

「やさしさ」とは、あまくやわらかい態度のことである、と考えられがちです。

ですが本当にそうでしょうか。

蟹座の人々はしばしば「やさしい」と評されますが、そのやさしさは、柔弱さとは微塵も結びつきません。彼らがもっともやさしくなるのは、守るべきもののために闘っているときだからです。

蟹座の「臆病」もまた、縮こまってぶるぶる震えているようなイメージとは大きく異なります。

蟹座の人々がもっとも臆病になっているときはたいてい、怖いものに対して喉をちぎらんばかりに吠え、あるいは、徹底的に「拒絶」しているからです。

こうした苛烈なやさしさ、逆ギレ的臆病さは、すべて蟹座の人々が抱え込んでいる膨大なエモーション、感情によって引き起こされます。

冥界にはたいてい、川が流れており、それは地下水のイメージとつながっています。湧き水がしばしば「聖なる水」として神聖視されるのは。そのためです。

蟹座の甲羅のなかには死の世界をも潤す大河が流れていて、この川の水が、蟹座の人々を他者と結びつけます。

水とはすなわち、感情です。

三途の川、忘却の川、嘆きの川。冥府の川に流れる水にはさまざまな意味合いがありますが、蟹座という地下世界では、過去と未来の隔たりも超越するような共感の水が、常に流れ続けているのです。この水を飲むことをゆるされた者は、いつもその世界にあたたかく迎え入れられます。

12星座のなかで、蟹座はもっとも低い場所に位置しています。その象徴する世界観は、前述のとおり「地下水の流れる世界・地下の冥界」です。低い低い場所が蟹座の管轄です。

ゆえに蟹座の人々の生き方は常に、ベタベタの現実に着地しています。決して天空を飛び回るような、非現実的な理想を一足飛びに追い求める生き方はしません。

蟹座の人々は現実の生活に足をつけ、自分自身の経験と体感をもとに、大切なものを守り抜こうとします。外敵がどんなに強く、大きくとも、自分の現実的な力によってそれに対抗しようとします。

蟹座の人々は「生活力に恵まれている」と言われます。現実に即して日々の生活を運営し、生活を守るために日々、闘える人々だからです。

蟹座の人々が守ろうとするものは人それぞれですが、守るための手段は「生活」なのだと思います。

生活すること、日々をいとなむこと。

そのいとなみによって大切なものを包み込み、いとなみをジャマするものを徹底的に攻撃すること。蟹座の人々が「守ろうとする対象」が大きくなればなるほど、その生き方はひろやかに、ダイナミックに、力強くなります。

何度も脱皮と成長を繰り返し、宇宙全体をも抱え込めるほど大きくなるポテンシャルを、蟹座の「甲羅」は秘めているのです。

おわりに

これでシリーズ4作目となりました「3年の星占い」、お手にとってくださって誠にありがとうございます。

これまで毎回、冒頭にショートショートを書いてきたのですが、今回はあえて小説の形式をやめ、「象徴の風景」を描いてみました。

というのも、2024年から2026年は長い時間を司る星々が相次いで動く、特別な時間だったからです。天王星、海王星、冥王星の象徴する世界観は、無意識や変革、再生といった、かなり抽象的なテーマを担っています。日常語ではとらえにくいことをたくさん書くことになるので、思いきって「シンボル」自体にダイレクトに立ち返ってみよう、と思った次第です。

もといこれまでの冒頭のショートショートにも、たくさんの象徴的隠喩を仕込んできました。あの短い小説のなかに、「3年」のエッセンスをぎゅっと詰め込む工夫をするのは、毎回、私の大きな楽しみでした。ただ、あのような「匂わせ」のかたちでは、今度の「3年」の大きさ、力強さが表しにくいと思ったのです。

「花言葉」が生まれたのは、直接思いを言葉にすることがマナー違反とされた時代だったそうです。心に秘めた思いを花に託して、人々はメッセージを伝えようとしたのです。「あなたを愛しています」と伝えるために、真っ赤なバラを贈るしかなかった世の中では、すべてのものがメッセージに見えていたのかもしれません。赤いバラを手渡して、相手に愛を理解してもらおうとするのは、「隠喩」「アナロジー」の原点だろうと思います。

当たるか当たらないかにかかわらず、「蟹座の人に、向こう3年、何が起こるか」ということを個別具体的に書くことはほぼ、不可能です。というのも、「蟹座の人」といっても十人十色、本当にさまざまな立場、状況があるはずだからです。可能性のあるすべての出来事を箇条書きにするようなことができなくはないかもしれませんが、それでは、なんのことだかかえってわからなくなってしまいます。ゆえに、こうした占いの記事は「隠喩」でいっぱいにならざるを得ません。

かのノストラダムスも、直接的な表現はほとんどしていません。彼は詩で占いを書き、後世の人々がその隠喩をさまざまに「解読」しようとしました。本書のような生活に根ざした「実用書」であっても、読み手側のすることはほとんど変わらないように思えます。すなわち、自分に起こりそうな出来事、すでに起こっている出来事と占いを照らし合わせ、そのシンボリズムを解読、デコードしていくのです。

ゆえに占いは、どんなに現実的なものであっても、「謎解き」の部分を含んでいて、神秘的です。そこには、解読されるべき秘密があるのです。

そして私たちの心にもまた、それぞれに自分だけの秘密があります。だれもがスマートフォンでSNSに接続し、どんなことでもテキストや動画で伝え合って「共有」している世の中では、まるで秘密などないようにあつかわれています。ですがそれでも、私たちの心にはまだ、だれにも打ち明けられない秘密があり、内緒話があり、まだ解かれない謎があります。

だれかに語った瞬間に特別なきらめきを失ってしまう夢もあります。だれの胸にもそんな、大切に守られなければならない秘密や夢があり、その秘密や夢を、希望といううっすらとした靄《もや》がくるみこんでいるのだと思います。

これだけ科学技術が発達してもなお、占いは私たちの「心の秘密」の味方です。本書が、この3年を生きるあなたにとって、ときどき大切な秘密について語り合えるささやかな友となれれば、と願っています。

太陽星座早見表
(1930 ～ 2027年／日本時間)

太陽が蟹座に入る時刻を下記の表にまとめました。
この時間以前は双子座、この時間以後は獅子座ということになります。

生まれた年	期間
1954	6/22 7:54 ～ 7/23 18:44
1955	6/22 13:31 ～ 7/24 0:24
1956	6/21 19:24 ～ 7/23 6:19
1957	6/22 1:21 ～ 7/23 12:14
1958	6/22 6:57 ～ 7/23 17:49
1959	6/22 12:50 ～ 7/23 23:44
1960	6/21 18:42 ～ 7/23 5:36
1961	6/22 0:30 ～ 7/23 11:23
1962	6/22 6:24 ～ 7/23 17:17
1963	6/22 12:04 ～ 7/23 22:58
1964	6/21 17:57 ～ 7/23 4:52
1965	6/21 23:56 ～ 7/23 10:47
1966	6/22 5:33 ～ 7/23 16:22
1967	6/22 11:23 ～ 7/23 22:15
1968	6/21 17:13 ～ 7/23 4:06
1969	6/21 22:55 ～ 7/23 9:47
1970	6/22 4:43 ～ 7/23 15:36
1971	6/22 10:20 ～ 7/23 21:14
1972	6/21 16:06 ～ 7/23 3:02
1973	6/21 22:01 ～ 7/23 8:55
1974	6/22 3:38 ～ 7/23 14:29
1975	6/22 9:26 ～ 7/23 20:21
1976	6/21 15:24 ～ 7/23 2:17
1977	6/21 21:14 ～ 7/23 8:03

生まれた年	期間
1930	6/22 12:53 ～ 7/23 23:41
1931	6/22 18:28 ～ 7/24 5:20
1932	6/22 0:23 ～ 7/23 11:17
1933	6/22 6:12 ～ 7/23 17:04
1934	6/22 11:48 ～ 7/23 22:41
1935	6/22 17:38 ～ 7/24 4:32
1936	6/21 23:22 ～ 7/23 10:17
1937	6/22 5:12 ～ 7/23 16:06
1938	6/22 11:04 ～ 7/23 21:56
1939	6/22 16:39 ～ 7/24 3:36
1940	6/21 22:36 ～ 7/23 9:33
1941	6/22 4:33 ～ 7/23 15:25
1942	6/22 10:16 ～ 7/23 21:06
1943	6/22 16:12 ～ 7/24 3:04
1944	6/21 22:02 ～ 7/23 8:55
1945	6/22 3:52 ～ 7/23 14:44
1946	6/22 9:44 ～ 7/23 20:36
1947	6/22 15:19 ～ 7/24 2:13
1948	6/21 21:11 ～ 7/23 8:07
1949	6/22 3:03 ～ 7/23 13:56
1950	6/22 8:36 ～ 7/23 19:29
1951	6/22 14:25 ～ 7/24 1:20
1952	6/21 20:13 ～ 7/23 7:07
1953	6/22 2:00 ～ 7/23 12:51

生まれた年	期　間
2003	6/22　4:12 ～ 7/23　15:04
2004	6/21　9:58 ～ 7/22　20:50
2005	6/21　15:47 ～ 7/23　2:41
2006	6/21　21:27 ～ 7/23　8:18
2007	6/22　3:08 ～ 7/23　14:00
2008	6/21　9:00 ～ 7/22　19:55
2009	6/21　14:47 ～ 7/23　1:36
2010	6/21　20:30 ～ 7/23　7:21
2011	6/22　2:18 ～ 7/23　13:12
2012	6/21　8:10 ～ 7/22　19:01
2013	6/21　14:05 ～ 7/23　0:56
2014	6/21　19:52 ～ 7/23　6:41
2015	6/22　1:39 ～ 7/23　12:31
2016	6/21　7:35 ～ 7/22　18:30
2017	6/21　13:25 ～ 7/23　0:15
2018	6/21　19:08 ～ 7/23　6:00
2019	6/22　0:55 ～ 7/23　11:51
2020	6/21　6:45 ～ 7/22　17:37
2021	6/21　12:33 ～ 7/22　23:27
2022	6/21　18:15 ～ 7/23　5:07
2023	6/21　23:59 ～ 7/23　10:51
2024	6/21　5:52 ～ 7/22　16:45
2025	6/21　11:43 ～ 7/22　22:30
2026	6/21　17:26 ～ 7/23　4:13
2027	6/21　23:12 ～ 7/23　10:05

生まれた年	期　間
1978	6/22　3:10 ～ 7/23　13:59
1979	6/22　8:56 ～ 7/23　19:48
1980	6/21　14:47 ～ 7/23　1:41
1981	6/21　20:45 ～ 7/23　7:39
1982	6/22　2:23 ～ 7/23　13:14
1983	6/22　8:09 ～ 7/23　19:03
1984	6/21　14:02 ～ 7/23　0:57
1985	6/21　19:44 ～ 7/23　6:35
1986	6/22　1:30 ～ 7/23　12:23
1987	6/22　7:11 ～ 7/23　18:05
1988	6/21　12:57 ～ 7/22　23:50
1989	6/21　18:53 ～ 7/23　5:45
1990	6/22　0:33 ～ 7/23　11:21
1991	6/22　6:19 ～ 7/23　17:10
1992	6/21　12:14 ～ 7/22　23:08
1993	6/21　18:00 ～ 7/23　4:50
1994	6/21　23:48 ～ 7/23　10:40
1995	6/22　5:34 ～ 7/23　16:29
1996	6/21　11:24 ～ 7/22　22:18
1997	6/21　17:20 ～ 7/23　4:14
1998	6/21　23:03 ～ 7/23　9:54
1999	6/22　4:49 ～ 7/23　15:43
2000	6/21　10:48 ～ 7/22　21:42
2001	6/21　16:39 ～ 7/23　3:26
2002	6/21　22:25 ～ 7/23　9:15

石井ゆかり（いしい・ゆかり）

ライター。星占いの記事やエッセイなどを執筆。情緒のある文体と独自の解釈により従来の「占い本」の常識を覆す。１２０万部を超えた「12星座シリーズ」のほか、多くのベストセラー&ロングセラーがある。『月で読む あしたの星占い』『新装版 12星座』（すみれ書房）、『星占い的思考』（講談社）、『禅語』『青い鳥の本』（パイインターナショナル）、『星ダイアリー』（幻冬舎コミックス）ほか著書多数。

ＬＩＮＥや公式Ｗｅｂサイト、Ｉｎｓｔａｇｒａｍ、Ｔｈｒｅａｄｓ等で毎日・毎週・毎年の占いを無料配信中。

公式サイト「石井ゆかりの星読み」https://star.cocoloni.jp/

インスタグラム　@ishiiyukari_inst

[参考文献]

『完全版 日本占星天文暦 1900年～2010年』
魔女の家BOOKS　アストロ・コミュニケーション・サービス

『増補版 21世紀占星天文暦』
魔女の家BOOKS　ニール・F・マイケルセン

『Solar Fire Ver.9』（ソフトウエア）
Esotech Technologies Pty Ltd.

[本書で使った紙]

本文	アルトクリームマックス
口絵	OK ミューズガリバーアール COC ナチュラル
表紙	バルキーボール白
カバー	ジェラード GA プラチナホワイト
折込図表	タント O-52

すみれ書房
石井ゆかりの本

新装版 12星座

定価 本体1600円+税
ISBN978-4-909957-27-6

生まれ持った性質《しくみ》の、深いところまでわかる、星占い本のロングセラー。

星座と星座のつながりを、物語のように読み解く本。
牡羊座からスタートして、牡牛座、双子座、蟹座……魚座で終わる物語は、読みだしたら止まらないおもしろさ。各星座の「性質」の解説は、自分と大切な人を理解する手掛かりになる。仕事で悩んだとき、自分を見失いそうになるとき、恋をしたとき、だれかをもっと知りたいとき。人生のなかで何度も読み返したくなる「読むお守り」。

イラスト:史緒　ブックデザイン:しまりすデザインセンター

すみれ書房
石井ゆかりの本

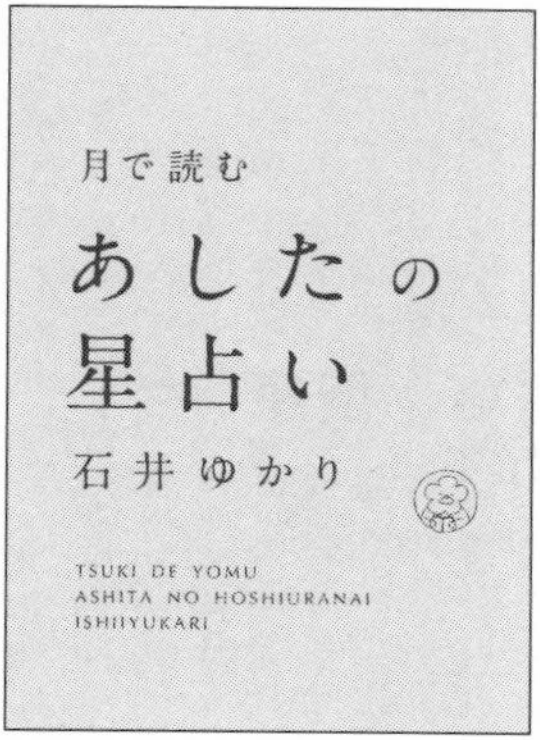

月で読む　あしたの星占い

定価 本体 1400 円 + 税
ISBN978-4-909957-02-3

簡単ではない日々を、
なんとか受け止めて、乗り越えていくために、
「自分ですこし、占ってみる」。

石井ゆかりが教える、いちばん易しい星占いのやり方。「スタートの日」「お金の日」「達成の日」ほか 12 種類の毎日が、2、3日に一度切り替わる。膨大でひたすら続くと思える「時間」が、区切られていく。あくまで星占いの「時間の区切り」だが、そうやって時間を区切っていくことが、生活の実際的な「助け」になることに驚く。新月・満月についても言及した充実の 1 冊。　イラスト：カシワイ　ブックデザイン：しまりすデザインセンター

3年の星占い　蟹座
2024年-2026年

2023年11月20日第1版第1刷発行

著者
石井ゆかり

発行者
樋口裕二

発行所
すみれ書房株式会社
〒151-0071　東京都渋谷区本町6-9-15
https://sumire-shobo.com/
info@sumire-shobo.com〔お問い合わせ〕

印刷・製本
中央精版印刷株式会社

ISBN978-4-909957-32-0　Printed in Japan
NDC590　159ｐ　15㎝